당신이 반드시 기억해야 할 **AI** 산업
21개 리딩 기업, 21개 비즈니스 모델

2026
AI 미래지도

2026 AI 미래지도

초판 1쇄 발행 2025년 4월 17일

지은이 박경수

펴낸이 조기흠
총괄 이수동 / **책임편집** 박의성 / **기획편집** 최진, 유지윤, 이지은
마케팅 박태규, 임은희, 김예인, 김선영 / **제작** 박성우, 김정우
디자인 박정현

펴낸곳 한빛비즈(주) / **주소** 서울시 서대문구 연희로2길 62 4층
전화 02-325-5506 / **팩스** 02-326-1566
등록 2008년 1월 14일 제 25100-2017-000062호

ISBN 979-11-5784-797-6 03320

이 책에 대한 의견이나 오탈자 및 잘못된 내용은 출판사 홈페이지나 아래 이메일로 알려주십시오.
파본은 구매처에서 교환하실 수 있습니다. 책값은 뒤표지에 표시되어 있습니다.

⌂ hanbitbiz.com ✉ hanbitbiz@hanbit.co.kr ⓕ facebook.com/hanbitbiz
Ⓝ post.naver.com/hanbit_biz ▶ youtube.com/한빛비즈 ⓘ instagram.com/hanbitbiz

지금 하지 않으면 할 수 없는 일이 있습니다.
책으로 펴내고 싶은 아이디어나 원고를 메일(hanbitbiz@hanbit.co.kr)로 보내주세요.
한빛비즈는 여러분의 소중한 경험과 지식을 기다리고 있습니다.

당신이 반드시 기억해야 할 **AI** 산업
21개 리딩 기업, 21개 비즈니스 모델

2026
AI 미래지도

박경수 지음

한빛비즈
Hanbit Biz, Inc.

AI 다이내믹스 #2
로봇·모빌리티

#피지컬 AI #휴머노이드 로봇 #SDR #SDV #자율주행솔루션

AI 다이내믹스 #3
뷰티·커머스·헬스케어

#초개인화·초정밀 #예방·예측 #AI 고객 경험

AI 다이내믹스 #4
교육·금융·농축산·업무자동화

#온·오프라인 연계 #데이터 분석·평가 #데이터 의사결정 #에이전틱 AI

AI 시장의 지각변동과 새로운 게임의 법칙의 부상

오픈AI의 생성형 AI 서비스인 챗GPT가 2022년 11월 말에 공개된 이후, 구글 제미나이Gemini, 마이크로소프트MS, 코파일럿Copilot 등 글로벌 빅테크 기업들은 앞다퉈 생성형 AI 서비스를 출시하기 시작했다. 생성형 AI는 이후 음성, 이미지, 영상 등으로 멀티모달화Multi Modal되었고 이제는 많은 사람이 AI를 일상에서 즐기고 있다. 미국 민간 연구기관인 에포크AIEpoch AI의 분석을 보면 초거대 AI 모델Large-scale AI Model 중 멀티모달 비중이 증가하고 있다. (그림 1)

챗GPT 또한 텍스트에 한정되었던 기능에 이미지(달리DALL-E), 영상(소라Sora), 나아가 맞춤형 챗봇까지 빠르게 추가했다. 이제는 챗GPT 안에서 일상 업무 처리가 가능할 정도다. 애플의 앱스토어와 구글의 플레이스토어처럼 GPT 탐색 기능은 글쓰기, 생산성, 연구 및 분석, 교육, 라이프스타일, 프로그래밍 관련 애플리케이션을 보유하고 있어 웬만한 업무는 모두 가능하

그림 1 | 유형별 초거대 AI 모델 출시 현황

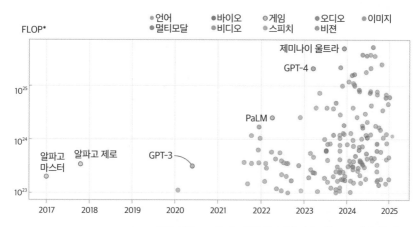

자료: 에포크AI, 2025.1, 당해 연도에 출시된 10^{23} FLOP 이상의 모델 수
*FLOP(Floating point Operation): 부동소수점연산수. 연산처리장치의 성능 측정 지표

다. 이처럼 생성형 AI는 AI가 정확히 뭔지, 혹은 알고는 있었지만 일상에서 경험하고 느끼지 못했던 추상적인 개념을 일상으로 끌어올리며 AI의 확산을 주도하고 있다.

정부 또한 AI 서비스 확산에 따라 2019년 말 〈인공지능 국가전략〉 이후, 2024년 4월에는 〈AI-반도체 이니셔티브〉, 그해 9월에는 AI G3 국가 도약을 위한 〈국가 AI 전략 정책방향〉, 2025년 1월에는 〈산업 AI 확산을 위한 10대 과제〉 등의 정책을 발표하며 AI 산업의 변화에 대응 중이다. 10대 과제는 AI 에이전트AI Agent, 피지컬 AIPhysical AI 등 AI 산업의 패러다임 변화를 반영하고 있다. 10대 과제는 ❶ AI 선도 프로젝트, ❷ AI 에이전트와 피지컬 AI, ❸ 산업 AI 컴퓨팅 인프라, ❹ 산업 데이터, ❺ AI 반도체, ❻ AI 인재, ❼ 전력 인프라, ❽ 산업 AI 자본, ❾ AI 생태계, ❿ 산업 AI 제도다. 정부는

표 1 | 산업 AI 확산을 위한 10대 과제

구분	10대 과제	세부 과제
AI 성공 모델	1. AI 선도 프로젝트	1-1. 정부 주도의 선도 프로젝트 추진
		1-2. AI 성공 사례 인벤토리 구축
		1-3. AI 챌린지 대회 개최
	2. AI 에이전트와 피지컬 AI	2-1. 자율제도 선도 프로젝트로 AI 에이전트 개발
		2-2. 휴머노이드 로봇 본격화
		2-3. 모빌리티 AI 추진
AI 필수 요소	3. 산업 AI 컴퓨팅 인프라	3-1. 기업 수요 기반의 AI 컴퓨팅센터 구축
		3-2. AI 모델 실증 인프라 구축
		3-3. 업종별 연합학습 지원
	4. 산업 데이터	4-1. 산업 데이터 은행 제도 설계
		4-2. 데이터(D) 큐레이션 산업 육성
		4-3. 산업 데이터 스페이스 구축
	5. AI 반도체	5-1. 주력산업·제품에 국산 AI 칩 활용·탑재
		5-2. AI 반도체 제조에 필수적인 기반기술 개발
		5-3. AI 반도체 생태계 경쟁력 강화
	6. AI 인재	6-1. 재직자 대상 AI 활용 능력 배가
		6-2. 제조업 '예비인재' AI 교육 강화
		6-3. 산업 암묵지의 AI 자원화
AI 인프라	7. 전력 인프라	7-1. AI 전력수요를 반영한 전력공급계획 수립
		7-2. 산업 AI 친화적 전력 시스템 구축
		7-3. AI 데이터센터 냉각 시스템 육성
	8. 산업 AI 자본	8-1. 산업 AI 기금 조성
		8-2. 민간 AI 자본 활성화
	9. AI 생태계	9-1. 산업 AI 바우처 도입
		9-2. 외국인재와 기술 유치
		9-3. 한국형 '슬러시Slush' 기획
	10. 산업 AI 제도	10-1. 산업 AI 확산 법령 완비
		10-2. AI 표준 리더십 구축
		10-3. 규제 개선
		10-4. 거버넌스 및 산업 AI 지원 조직 강화

자료: 산업통상자원부, 산업 AI 확산을 위한 10대 과제, 2024.1.23

10대 과제 실행을 통해 기업의 AI 활용률을 2024년 31%에서 2030년 70%까지 높이고 AI 성공모델을 1,000개 만드는 것이 목표다. (표 1)

생성형 AI가 일상으로 빠르게 들어오면서 기업도 AI를 어떻게 사업에 접목해 AI 퍼스트 전략을 마련해야 하는지 고민에 빠졌다. 기업의 전사 방향과 전략은 업종에 맞게 어떻게 가져가야 하고, 기능별로는 AI를 도입해 어떻게 조직의 생산성을 높여야 하는지 같은 고민이 늘 따라붙었다. AI 퍼스트 전략이 R&D 투자를 감행한다고 해서 바로 경쟁 우위를 확보할 수 있는 게 아니기 때문이다. R&D, 인프라, 인력, AI 리터러시 등 모든 측면에서 변화와 전환이 필요하다.

하지만 기업과 정부 모두 AI 퍼스트 전략을 최근 몇 년 동안 추진하고 있음에도 불구하고 한국은 선도국가가 아니다. 보스턴컨설팅그룹BCG이 73개국을 대상으로 조사한 〈AI 성숙도 매트릭스〉 보고서(2024)에 따르면, 한국은 호주, 핀란드, 에스토니아, 프랑스, 독일, 이스라엘, 일본, 말레이시아, 스페인, 대만 등과 함께 'AI 안정적 경쟁국가AI steady contenders'로 분류되었다.[1] 이 보고서는 AI 성숙도 수준에 따라 AI 선도국가AI Pioneers, 안정적 경쟁국가Steady Contenders, 떠오르는 경쟁국가Rising Contenders, 점진적 실천국가Gradual Practitioners, 취약한 실천국가Exposed Practitioners, AI 도약 단계 국가 AI Emergents로 분류한다.

한국은 캐나다, 중국, 싱가포르, 영국, 미국 등이 속한 AI 선도국가에는 포함되지 못했다. AI 안정적 경쟁국가는 주로 서비스 영역에서 AI의 노출도는 높지만 상대적으로 준비도가 부족한 국가다. 반면, AI 선도국가는 다양한 산업에 AI 기술을 적극적으로 활용하고 있으며 인프라 또한 강력해 고급 인력들이 다수 활동한다. 대한상공회의소와 산업연구원의 2024년 국내

그림 2 | BCG가 평가한 국가별 AI 성숙도 수준

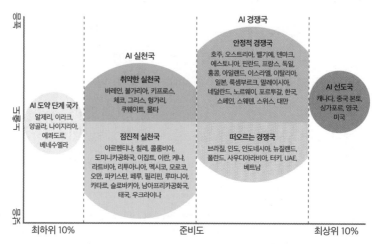

AI 경쟁국

안정적 경쟁국
호주, 오스트리아, 벨기에, 덴마크,
에스토니아, 핀란드, 프랑스, 독일,
홍콩, 아일랜드, 이스라엘, 이탈리아,
일본, 룩셈부르크, 말레이시아,
네덜란드, 노르웨이, 포르투갈, 한국,
스페인, 스웨덴, 스위스, 대만

AI 선도국
캐나다, 중국 본토,
싱가포르, 영국,
미국

AI 실천국

취약한 실천국
바레인, 불가리아, 키프로스,
체코, 그리스, 헝가리,
쿠웨이트, 몰타

AI 도약 단계 국가
알제리, 이라크,
앙골라, 나이지리아,
에콰도르,
베네수엘라

점진적 실천국
아르헨티나, 칠레, 콜롬비아,
도미니카공화국, 이집트, 이란, 케냐,
라트비아, 리투아니아, 멕시코, 모로코,
오만, 파키스탄, 페루, 필리핀, 루마니아,
카타르, 슬로바키아, 남아프리카공화국,
태국, 우크라이나

떠오르는 경쟁국
브라질, 인도, 인도네시아, 뉴질랜드,
폴란드, 사우디아라비아, 터키, UAE,
베트남

최하위 10%   준비도   최상위 10%

자료: BCG, The AI Maturity Matrix: Which Economies Are Ready for AI?, 2024.11

기업의 AI 기술 활용 실태 조사에서도 유사한 결과를 볼 수 있다. AI 기술의 필요성에 대한 인식은 78.4%로 높지만, 현재 업무에 AI 기술을 활용 중인 기업은 30.6%에 불과했다. 중소기업은 28.7%로 대기업 48.8%에 비해 활용 비중이 낮았다.[2] (그림 2)

영국 토터스미디어Tortoise Media가 매년 발표하는 〈글로벌 AI 인덱스The Global AI Index〉에서도 유사한 결과가 나왔다.[3] 토터스미디어는 2024년에 83개국을 대상으로 AI 구현, 혁신, 투자 등 3개 영역에 대해 평가했다. 한국은 종합 평가 결과 6위를 기록했다. 세부적으로 보면 개발이나 정부전략에서는 상위권이나 인재, 연구, 운영환경 등이 상대적으로 낮았다. BCG 결과에서도 인재 측면에서 이슈가 있었는데 같은 결과가 나온 것이다. (표 2)

다만, 개발 능력에서의 높은 순위는 꾸준한 초거대 AI 모델 개발 때문이

표 2 | 글로벌 AI 인덱스 톱 10

구분	구현			혁신		투자		종합
	인재	인프라	운영 환경	연구	개발	정부 전략	상업 생태계	
미국	100	100	96	100	100	83	100	100.0
중국	26	66	70	54	69	66	48	53.9
싱가포르	30	50	55	25	21	59	27	32.3
영국	32	27	90	23	12	65	25	29.9
프랑스	25	31	70	18	31	59	19	28.1
대한민국	20 (13위)	42 (6위)	64 (35위)	11 (13위)	37 (3위)	69 (4위)	14 (12위)	27.3 (6위)
독일	35	32	83	16	14	59	17	26.7
캐나다	26	27	75	15	14	70	23	26.4
이스라엘	27	25	47	17	19	35	29	25.5
인도	42	15	90	10	13	55	14	23.8

자료: 토터스미디어 자료 재가공, 2024

다. 에포크AI에 따르면, 국내외 GPT-3 수준의 초거대 AI 모델은 2020년 이후 급증하고 있다. 2017년 이후 출시된 모델 수는 175개다. 한국은 네이버, LG, 삼성 등이 AI 모델 개발을 주도하고 있으며, 2025년 1월 기준 14개로 나타났다.[4] 이는 미국, 중국 다음으로 높은 수치다. (표 3, 그림 3)

이런 상황에 때문에 정부는 최근 〈AI 컴퓨팅 기반(인프라) 확충을 통한 국가 AI 역량 강화 방안〉(2025년 2월)을 발표했다. 이 방안은 AI 컴퓨팅 기반 확충, 차세대 AI 모형 개발, AI 전환 가속화를 담고 있다. 특히, 차세대 AI

그림 3 | 국내외 초거대 AI 모델 수 추이

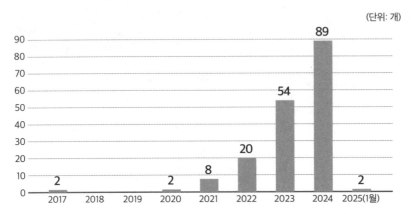

(단위: 개)

자료: 에포크AI, 2025.1, 당해 연도에 출시된 10^{23} FLOP 이상의 모델 수

모형 개발은 AI 국가대표 사업인 '(가칭)세계 최고 대형언어모형World Best LLM, WBL'을 신규 추진할 예정이다. AI 전환 가속화와 관련해서도 교육, 의료, 매체·문화, 학술, 재난·안전 등의 분야에 AI 접목을 통해 한국의 특화된 AI 개발이 목표다.

한국은 기업과 정부 모두 AI를 전략산업으로 설정해 대응 중이지만, AI 환경은 다시 한번 새로운 변화 속에 있다. 엔비디아NVIDIA의 CEO 젠슨 황 Jensen Huang은 2024년 6월 대만에서 열린 컴퓨텍스COMPUTEX 2024에 이어 CES2025에서도 피지컬 AI 시대의 도래를 전망했다. 기업이 이제는 기존의 인식형·생성형 AI에서 피지컬 AI로 패러다임을 전환해야 한다고 말했다. 이에 따라 휴머노이드 로봇, 자율주행차에서 혁신이 가속화되고 있는 상황이다.

표 3 | **국내 GPT-3 수준의 초거대 AI 모델 현황**

구분	AI 모델명	출시일	분야	개발 기업
1	EXAONE 3.5 7.8B	2024-12-09	언어	LG AI Research
2	EXAONE 3.5 32B	2024-12-09	언어	LG AI Research
3	EXAONE 3.0	2024-08-07	언어	LG AI Research
4	Konan LLM 41B	2023-12-15	언어, 비전	코난테크놀로지
5	Samsung Gauss Language	2023-11-08	언어	삼성
6	Samsung Gauss Code	2023-11-08	언어	삼성
7	Samsung Gauss Image	2023-11-08	이미지 생성	삼성
8	Mi:dm 200B	2023-10-31	언어	KT
9	HyperCLOVA X	2023-08-24	언어	네이버
10	VARCO LLM 2.0 base	2023-08-16	언어	엔씨소프트
11	EXAONE 2.0	2023-07-19	멀티모달	LG AI Research
12	EXAONE 1.0	2021-12-14	멀티모달	LG
13	HyperCLOVA 82B	2021-09-10	언어	네이버, Search Solutions
14	HyperCLOVA 204B	2021-09-10	언어	네이버

자료: 에포크AI, 2025.1

AI의 다음 물결은 피지컬 AI입니다. 물리 법칙을 이해하는 AI, 사람과 함께 일할 수 있는 AI입니다. [5]

— 젠슨 황, 컴퓨텍스 2024 기조연설 중

이뿐이 아니다. 기존의 인식·생성형 AI 시장은 오픈소스Open-source 중심의 저비용·고성능의 새로운 모델이 시장의 판을 흔들고 있다. 그 주인공은 바로 2003년 설립된 중국의 AI 스타트업 딥시크Deepseek다. 딥시크는 2024년 말 공개한 오픈소스 거대언어모델Large Language Model, LLM 딥시크-V3 모델 개발에 557만 6,000달러밖에 들지 않았다고 밝혔다. 오픈AI의 CEO 샘 올트먼Sam Altman은 챗GPT-4 훈련에 1억 달러 이상 들었다고 했는데, 딥시크 개발비는 오픈AI 대비 20분의 1 수준에 불과한 것이다. 오픈AI, 메타 Meta 등의 AI 모델과 비교 시, 성능도 뒤쳐지지 않아 기존의 고비용·고성능 시장에 새로운 충격을 주고 있다. 딥시크는 자사 홈페이지에 딥시크-V3가 다른 오픈소스 모델보다 성능이 뛰어나고 선도적인 폐쇄형Closed-source 모델과도 비슷한 성능을 보유하고 있다고 말한다.[6](그림 4, 5)

딥시크 쇼크는 엔비디아 주가를 17%나 폭락시켰다. 딥시크가 AI 모델 개발에 엔비디아의 중국 수출용 저사양 AI 가속기인 H800을 사용했기 때문이다.[7] 다른 AI 기업들은 엔비디아의 A100, H100, GB200 등 고가의 고사

그림 4 | 딥시크 메인 화면과 채팅창

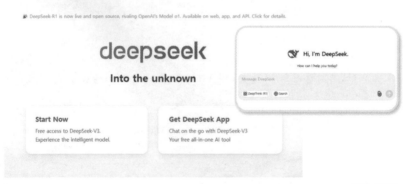

자료: 딥시크

그림 5 | 딥시크-V3 벤치마크 결과

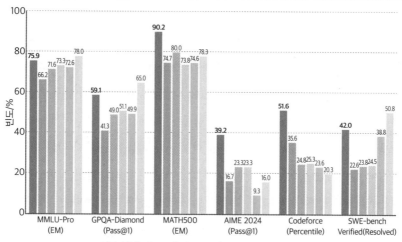

■ 딥시크-V3 ■ 딥시크-V2.5 ■ 큐원2.5-72B-Inst ■ 라마-3.1-405B-Inst ■ GPT-4o-0513 ■ 클로드-3.5-Sonnet-1022

자료: 딥시크(https://github.com/deepseek-ai/DeepSeek-V3?tab=readme-ov-file)

*용어 설명

MMLU-Pro: MMLUMassive Multitask Language Understanding의 개선된 버전으로 다양한 분야(역사, 과학, 수학 등)에서 언어모델의 지식을 평가하는 벤치마크

EMExact Match: 모델이 정답과 정확히 일치하는 답을 생성해야 점수를 받는 방식

GPQAGraduate-Level Professional Question Answering는 고급 수준의 질의응답 능력을 평가하는 벤치마크. 다이아몬드Diamond는 특히 난이도가 높은 질문들로 구성된 데이터셋

Pass@1: 모델이 첫 번째 시도에서 정답을 맞히는 비율

MATH500: 고급 수학 문제 500개로 구성된 벤치마크. 모델의 수학적 추론 능력을 평가

AIMEAmerican Invitational Mathematics Examination는 미국의 고급 수학 경시대회로 난이도가 높은 수학 문제를 포함한다.

Codeforces: 알고리즘 및 프로그래밍 문제 해결 능력을 평가하는 온라인 저지Online Judge 플랫폼

Percentile: 모델이 얼마나 높은 성능을 보이는지에 대한 상대적 위치(비율)

SWE-bench: 소프트웨어 엔지니어링 관련 문제(코드 수정, 디버깅 등)에 대한 AI 모델의 성능을 평가하는 벤치마크

Resolved: 모델이 실제로 문제를 해결한 비율

양 AI 가속기를 사용했다. 2025년 1월 20일 출시한 딥시크의 AI 추론 모델 'R1' 또한 성능 테스트에서 오픈AI의 추론형 모델 'o1'을 일부 능가해 생성형 AI 시장은 새로운 게임의 법칙에 적응해야 하는 상황이다.

딥시크의 저비용·고성능 AI 개발이 확산된다면 AI 시장은 더욱 빠르게 확대될 것이다. AI 모델 클로드Claude를 개발한 앤스로픽Anthropic의 CEO 다리오 아모데이Dario Amodei는 딥시크에 대해 스케일링 법칙Scaling laws, 비용곡선의 변화Shifting the curve, 패러다임 전환Shifting the paradigm이라는 AI 시스템의 흐름을 따른 것이라고 말한다.[8] 기존에 성능을 높이기 위한 대규모 학습에 들어가는 비용이 이제는 점점 감소하면서 패러다임이 전환되고 있다는 말이다. 향후 AI 시장은 기존처럼 사전 훈련된 모델보다는 강화학습 기반의 추론 모델에 집중할 것이다. 이런 관점에서 딥시크는 스케일링 법칙, 비용곡선의 변화 단계를 지나가고 있으며, 새로운 패러다임에 대응하기 위해 AI 추론 모델 R1을 출시했다.

AI 기술의 변화는 가트너가 2024년 하반기에 발표한 신기술 하이프 사이클Hype Cycle for Emerging Technologies만 봐도 알 수 있다.[9] 기존 생성형 AI는 관심이 사그라드는 환멸의 골짜기Trough of disillusionment로 진입 중인 반면, 휴머노이드 로봇, 모빌리티, AI 에이전트 등은 잠재 기술 혁신이 촉발되는 기술 촉발Technology trigger 단계에 위치해 있다. 가트너 또한 향후 기술 트렌드로 인간의 개입은 최소화되고 AI 스스로 복잡한 의사결정을 하는 휴머노이드 로봇, AI 에이전트 같은 자율형 AIAutonomous AI가 부상할 것으로 본다. 또한 슈퍼앱, 디지털 트윈, 공간컴퓨팅Spatial computing 등은 고객 경험, 직원 경험, 사용자 경험 등이 서로 얽혀 있는 토털 경험Empower With Total Experience을 강화할 전망이다. (그림 6)

그림 6 | 가트너의 2024년 신기술 하이프 사이클

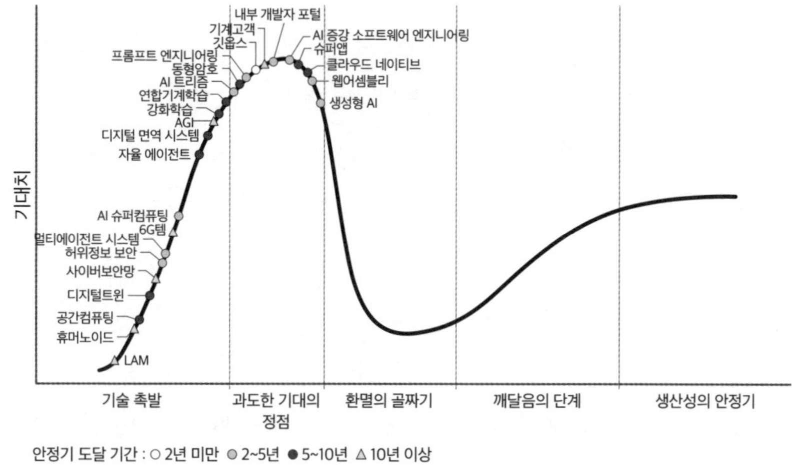

기대치

과도한 기대의 정점 labels:
- 내부 개발자 포털
- 기계고객
- 깃옵스
- 프롬프트 엔지니어링
- 동형암호
- AI 트리즘
- 연합기계학습
- 강화학습
- AGI
- 디지털 면역 시스템
- 자율 에이전트
- AI 증강 소프트웨어 엔지니어링
- 슈퍼앱
- 클라우드 네이티브
- 웹어셈블리
- 생성형 AI

- AI 슈퍼컴퓨팅
- 6G텔
- 멀티에이전트 시스템
- 허위정보 보안
- 사이버보안망
- 디지털트윈
- 공간컴퓨팅
- 휴머노이드
- LAM

기술 촉발　　　과도한 기대의 정점　　　환멸의 골짜기　　　깨달음의 단계　　　생산성의 안정기

안정기 도달 기간 : ○ 2년 미만　◎ 2~5년　● 5~10년　△ 10년 이상

자료: 가트너, 2024.8

　　가트너의 〈2025년 10대 전략 기술 트렌드〉도 마찬가지다.[10] 가트너는 10대 기술을 'AI 핵심과제 및 리스크AI imperatives and risks', '컴퓨팅의 새로운 지평New frontiers of computing', '인간과 기계의 시너지'로 구분한다. AI 핵심과제 및 리스크로는 에이전틱 AIAgentic AI, AI 거버넌스 플랫폼AI Governance Platforms, 허위 정보 보안Disinformation Security, 컴퓨팅의 새로운 지평은 포스트 양자 암호화Post-Quantum Cryptography, 비가시적인 주변 지능Ambient Invisible Intelligence, 에너지 효율적 컴퓨팅Energy-efficient Computing, 하이브리드 컴퓨팅Hybrid Computing이다. 인간과 기계의 시너지는 공간컴퓨팅, 다기능 로봇Polyfunctional Robots, 신경학적 향상Neurological Enhancement이다. 〈MIT테크롤노지리뷰MIT Technology Review〉 또한 2025년 10대 유망기술10 Breakthrough Technologies을 발표하면서 AI와 관련해 소형언어모델Small

Language Model, SLM, 생성형 AI 검색Generative AI search, 고속학습 로봇Fast-learning robots, 로보택시Robotaxis 등을 제시했다.[11]

　디지털 시장으로 확대해서 보더라도 트렌드는 유사하다. 한국지능정보사회진흥원NIA은 2024년 말 〈NIA가 전망한 2025년 12대 디지털 트렌드〉 보고서를 발간했다.[12] 이 보고서에서 NIA는 '어시스턴트에서 에이전트로 변신한 AI', '다중 작업도 척척 하는 범용 AI 로봇', 'AI와 디지털 트윈의 융합, 제조업 혁신의 새 지평', 'AI 주도형 자율주행, 생활권 중심의 모빌리티 혁신', 'AI가 대체하는 노동, 감정 노동의 해방', 'AI와 보안의 공존, 해결사인가 또 다른 도전인가?', '네트워크 경계를 넘어서, 엣지컴퓨팅과 온디바이스 AI' 등을 2025년 핵심 디지털 트렌드로 제시했다. 정보통신기획평가원IITP에서도 'AI 에이전트의 시대로', '디지털과 현실세계 연결의 중심, SDRSoftware Defined Robot', '미디어·콘텐츠의 창의혁명, AI 영상과 공간컴퓨팅' 등의 10대 트렌드를 제시했다.[13]

　AI 시장은 현재 새로운 비즈니스 모델, 산업 적용의 확대, 새로운 경쟁구도 등이 형성되는 전환기에 있다. 인식형·생성형 AI에서 AI 에이전트와 피지컬 AI로의 전환, 멀티모달 AI의 확산, SLM 개발의 가속화, 폐쇄형 모델을 따라잡고 있는 오픈소스 모델, AI 시장의 파괴적 혁신가로 부상한 스타트업, 합종연횡을 통한 얼라이언스 구축, 규제와 윤리 이슈의 부상, AI 주권Sovereign AI 등 다양한 이슈가 폭발적으로 터지고 있다. AI 시장의 다이내믹스는 이처럼 한 치 앞을 예상할 수 없을 정도로 복잡해지고 빠르게 변화 중이다.

　이 책은 앞서 본 AI 기술 및 시장 트렌드, AI 다이내믹스를 고려해 AI 에이전트, 온디바이스 AI, 소형언어모델, 피지컬 AI, 공간컴퓨팅을 AI 시장의 핵심으로 제시했다. 1부에서는 이 5가지 핵심 변화가 현재 AI 시장의 경쟁구도를 어떻게 바꾸고 있으며, 국내외 기업들은 어떤 전략을 취하고 있는지를 분석했다. 특히, 기본 개념도 같이 제시해 기존 AI 시장과 다가오는 AI 시장이 어떻게 다른지 설명했다.

AI 시장의 핵심 변화 후 실제 산업에서는 이러한 트렌드가 어떻게 적용되고 있는지를 유망 기업을 선정해 이 책에 담았다. 이미 많은 사람들이 알고 있는 글로벌 대기업보다는 유망 기업을 선별했다. AI 및 가치사슬 측면에서 연계된 기업은 너무 많아 국내 기업 중심으로 선정했다. 기업 선정을 위해 CB인사이트CB Insights의 2024 AI 100, 포브스Forbes 2024 AI 50, 포브스코리아Forbes Korea 2024 대한민국 AI 50, 한국인공지능산업협회의 2025 이머징Emerging AI+X 톱 100을 참고했다. 물론, 이 책에 제시되지 않은 유망 혹은 선도기업도 많다.

선정된 기업의 분석은 시장조사 보고서, 증권사 분석 자료, IR 자료, 언론 보도 자료 등을 활용했다. 해당 기업의 과거, 현재, 미래 분석을 통해 5가지 핵심 변화를 이해할 수 있도록 했다. 기업의 창업 동기, 연혁, 현재 주요 제품 및 서비스, 향후 사업 방향을 담아 해당 기업들이 시장 변화에 어떻게 대응하고 있는지를 분석했다. 다른 유망 기업들도 시장의 경쟁 관점에서 선정된 기업의 사업 방향 분석 시 같이 제시해 산업의 변화를 조망했다.

2부는 AI 시장의 가장 기본인 생성형 AI·AI 챗봇·데이터·AI 반도체를 다뤘다. 국내외 생성형 AI 플랫폼 외에도 데이터 라벨링Data Labeling, AI 솔루션 및 반도체 기업을 분석했다. 3부는 젠슨 황이 제시한 피지컬 AI의 핵심인 로봇·모빌리티 기업 분석을 통해 피지컬 AI가 실제로 어떻게 구현되고 있는지를 휴머노이드 로봇, 자율주행차 등의 로보택시 시장의 변화로 알아

봤다. 4부는 뷰티·헬스케어 등 일반 소비재 시장에서의 AI 적용과 라이프스타일의 변화를 제시했다. 5부는 교육·금융·농축산·업무자동화 등 데이터 중심의 산업과 함께 업무자동화 산업의 에이전틱 자동화로의 변화 모습을 분석했다.

이런 분석을 통해 기업이 AI 시장 변화에 얼마나 빠르게 대응하고 있는지, AI 시장에서 살아남기 위한 차별화된 역량을 확보하는 데 어떤 노력을 했는지를 알 수 있다. 그럼, 이제 AI 다이내믹스를 향한 여정을 떠나보자. 이 여정에서 AI 시장의 흐름이 어떻게 바뀌고 있는지 살펴보고, 우리가 지금 해야 할 일을 찾기를 바란다.

다음은 챗GPT와 딥시크에게 각각 "딥시크의 AI 시장에 대한 영향"에 대해 질문을 한 결과다. 두 생성형 AI의 답변을 비교해 성능을 평가해보자.

챗GPT가 생각하는 딥시크의 AI 시장에 대한 영향

딥시크의 AI 시장 영향과 전략적 관점 분석

딥시크는 최근 급부상하는 중국계 AI 기업으로, 특히 LLM과 생성 AI 분야에서 글로벌 경쟁력을 확보하고 있습니다. 이러한 딥시크의 성장과 발전이 AI 시장에 미칠 영향과 이에 따른 전략적 시사점을 분석해보겠습니다.

1. 딥시크가 AI 시장에 미칠 주요 영향

(1) 오픈소스 기반 AI 생태계 확장

딥시크는 Meta의 LLaMA처럼 오픈소스 기반의 AI 모델을 적극 개발하고 있습니다. 이는 다음과 같은 변화를 가져올 것입니다.

- **기업들의 AI 도입 비용 절감**: 오픈소스 모델이 확산되면, 기업들이 자체적으로 AI를 커스터마이징하는 비용이 줄어듦.
- **AI 연구개발(R&D) 경쟁 심화**: GPT-4 및 Gemini 등 폐쇄형 모델과의 차별화가 중요해지며, 연구개발 속도가 가속화될 가능성.
- **중국계 AI 기업의 글로벌 시장 경쟁력 강화**: 딥시크가 해외 기업들과의 협업을 확대할 경우, AI 시장에서 미국 중심의 독점적 구조가 완화될 가능성.

(2) 중국 AI 산업의 글로벌 영향력 확대

딥시크는 중국 정부의 AI 산업 육성 정책과 맞물려 급속히 성장하고 있습니다. 이는 다음과 같은 변화로 이어질 것입니다.

- **AI 공급망의 다변화**: 기존 미국 중심의 AI 칩·클라우드·데이터 의존도를 낮추고, 독자적인 AI 기술 및 인프라를 구축.
- **미국과 중국 간 AI 패권 경쟁 가속화**: 중국이 자체 LLM 기술을 확보하면 AI 주도권 경쟁이 더욱 심화될 전망.
- **AI 규제 및 윤리 기준 차별화**: AI의 윤리적 기준과 규제 환경이 미국 및 유럽과 차별화될 가능성이 커짐.

(3) 중소기업 및 신흥 시장에 AI 보급 확대

딥시크가 오픈소스 및 저비용 AI 모델을 제공하면, AI 기술의 접근성이 높아지면서 다음과 같은 변화가 예상됩니다.

- **AI 기술의 대중화 가속화**: AI 모델 개발 비용이 낮아지면서 스타트업과 중소기업도 AI를 활용한 비즈니스 모델을 쉽게 구축 가능.
- **신흥 시장(동남아, 아프리카 등)의 AI 확산**: AI 모델이 저렴하게 보급되면, 기존 빅테크 기업들이 집중하지 않았던 신흥 시장에서 AI가 빠르게 확산될 수 있음.
- **클라우드 AI 서비스의 경쟁 심화**: AWS, Google Cloud, Azure 등 기존 클라우드 AI 서비스와 경쟁하며, 비용 및 성능 측면에서 차별화를 꾀할 가능성이 높음.

2. 전략적 시사점 및 대응 방안

딥시크의 영향력을 고려했을 때, 글로벌 AI 시장에서 다음과 같은 전략적 대응이 필요합니다.

(1) AI 기술 내재화 및 오픈소스 활용 전략

- 기업들은 딥시크와 같은 오픈소스 AI 모델을 적극 활용하여 **자체적인 AI 역량을 확보**하는 것이 중요함.
- AI를 단순히 구매하는 것이 아니라 **사내 데이터 및 시스템에 최적화된 형태로 커스터마이징**할 필요가 있음.
- 오픈소스 AI 모델을 활용해 비용을 절감하는 동시에, **자체적인 데이터 및 프라이버시 보호 전략**도 마련해야 함.

(2) 글로벌 AI 패권 경쟁 속 협력 및 리스크 관리

- AI가 미·중 패권 경쟁의 중심이 되는 상황에서, 글로벌 기업들은 **AI 기술 파트너십을 다각화**하는 것이 중요함.
- 중국 AI 기업과 협력 시, **규제 및 기술적 리스크(데이터 보안, 지적재산권 등)**를 면밀히 검토해야 함.
- 반면, AI 시장이 미국·유럽 중심에서 다극화되는 만큼, **비非 미국권 AI 기술과 협력 기회를 확대**할 수도 있음.

(3) AI 윤리 및 규제 대응 전략 강화

- AI 윤리에 대한 기준이 국가별로 다르게 적용될 가능성이 커지므로, **각 지역별 AI 규제 프레임워크를 분석하고 대응 전략**을 세워야 함.
- 기업들은 자사 AI 모델의 투명성 및 신뢰성을 높이기 위한 기술적 보완(예: AI 설명 가능성, 편향 제거 등)을 강화할 필요가 있음.
- 글로벌 시장에서 AI 신뢰도를 높이려면, **윤리적인 AI 개발 원칙을 수립하고 이를 마케팅 및 브랜드 차별화 요소로 활용**하는 것도 유효함.

(4) 클라우드 AI 시장에서 차별화 전략 필요

- 딥시크가 AI 모델을 오픈소스로 제공하면, 클라우드 AI 서비스 시장에서 **비용 절감 경쟁이 심화**될 가능성이 높음.
- 이에 따라, AI를 단순한 서비스SaaS 형태로 제공하는 것을 넘어서, **특정 산업군에 특화된 AI 솔루션(예: 금융, 의료, 제조업 AI)을 개발**하는 것이 중요해질 것임.
- 또한, AI의 **고성능화(예: 대용량 데이터 처리, 멀티모달 AI 적용) 및 고객 맞춤형 서비스 제공**이 차별화 포인트가 될 수 있음.

3. 결론

딥시크의 성장은 단순한 AI 모델 하나의 등장이 아니라, **AI 시장의 구조적 변화를 가져올 가능성이 크다**는 점에서 주목할 필요가 있습니다. 오픈소스 AI의 확산, 중국의 AI 기술력 강화, AI 비용 절감에 따른 시장 확장 등이 핵심적인 변화 요인이며, 기업들은 이에 맞춰 AI 기술 내재화, 규제 리스크 관리, 차별화된 AI 서비스 제공 등의 전략을 마련해야 합니다.

특히 AI 시장이 미국·유럽 중심에서 다극화되는 과정에서, 한국 기업들이 **새로운 협력 기회를 활용**할 수 있는 영역이 많아질 것으로 보입니다. 다만, 기술적 리스크와 윤리적 문제도 동시에 고려해야 하기 때문에 **단순한 AI 도입이 아니라 장기적인 전략적 로드맵이 필요**합니다.

향후 AI 산업에서 딥시크가 어떤 행보를 보일지, 그리고 이에 따라 글로벌 AI 시장이 어떻게 재편될지를 지속적으로 모니터링하는 것이 중요할 것입니다.

딥시크가 생각하는 딥시크의 AI 시장에 대한 영향

1. 기술 혁신과 경쟁력 강화

- 고급 AI 기술 개발: 딥시크가 최신 AI 기술(예: 딥러닝, 자연어 처리, 컴퓨터 비젼 등)을 지속적으로 개발하면, AI 시장에서 기술 리더로서의 입지를 강화할 수 있습니다.
- 차별화된 솔루션 제공: 독자적인 알고리즘과 플랫폼을 통해 경쟁사와 차별화된 AI 솔루션을 제공함으로써 시장 점유율을 확대할 수 있습니다.

2. 산업별 맞춤형 AI 솔루션

- 산업별 특화 AI: 헬스케어, 금융, 제조, 소매 등 다양한 산업에 특화된 AI 솔루션을 제공함으로써, 산업별 요구에 부응하는 맞춤형 서비스를 강화할 수 있습니다.
- 수직 통합 전략: 특정 산업에 깊이 관여하며, 해당 산업의 데이터와 프로세스를 이해해 더 정교한 AI 모델을 개발할 수 있습니다.

3. 글로벌 시장 확장

- 해외 시장 진출: 글로벌 시장에서의 확장을 통해 다양한 지역의 데이터와 사용자 패턴을 학습함으로써, AI 모델의 정확성과 적응성을 높일 수 있습니다.
- 현지화 전략: 각 지역의 언어, 문화, 규제를 반영한 현지화 전략을 통해 글로벌 시장에서 경쟁력을 강화할 수 있습니다.

4. 데이터와 인프라 강화

- 빅데이터 활용: 대규모 데이터 수집 및 분석을 통해 AI 모델의 성능을 지속적으로 개선하고, 데이터 기반 의사결정을 강화할 수 있습니다.
- 클라우드 및 엣지 컴퓨팅: 클라우드와 엣지 컴퓨팅을 활용해 실시간 데이터 처리와 AI 모델 배포를 최적화함으로써, 사용자 경험을 향상시킬 수 있습니다.

5. 윤리적 AI와 규제 준수

- 윤리적 AI 개발: 데이터 프라이버시, 공정성, 투명성 등 윤리적 AI 원칙을 준수함으로써, 사용자와 규제 기관의 신뢰를 얻을 수 있습니다.
- 규제 대응: 글로벌 AI 규제 동향을 선제적으로 분석하고 준수함으로써, 규제 리

스크를 최소화하고 시장에서 지속 가능성을 확보할 수 있습니다.

6. 파트너십과 생태계 구축

• 전략적 제휴: 기술 회사, 스타트업, 학계와의 협력을 통해 혁신적인 AI 솔루션을 개발하고, 생태계를 확장할 수 있습니다.

• 개발자 커뮤니티 활성화: 오픈소스 프로젝트와 개발자 커뮤니티를 활성화해, 외부 개발자들과의 협력을 통해 기술 발전을 가속화할 수 있습니다.

7. 사용자 중심의 AI 경험

• 개인화된 서비스: 사용자 데이터를 기반으로 개인화된 AI 서비스를 제공함으로써, 사용자 만족도를 높이고 충성도를 강화할 수 있습니다.

• 사용자 인터페이스 개선: 직관적이고 사용자 친화적인 인터페이스를 통해 AI 기술의 접근성을 높이고, 더 많은 사용자에게 다가갈 수 있습니다.

8. 지속 가능한 성장 전략

• 장기적 R&D 투자: 지속적인 R&D 투자를 통해 미래 기술 트렌드를 선도하고, 장기적인 성장을 도모할 수 있습니다.

• 지속 가능성: 환경 및 사회적 책임을 고려한 지속 가능한 AI 개발 전략을 통해, 기업의 사회적 이미지를 강화할 수 있습니다.

PART
I

AI 혁신의 새로운 무기
·
AI 에이전트 ·
온디바이스 AI · 피지컬 AI

#AI 에이전트 #온디바이스 AI #소형언어모델
#피지컬 AI #공간컴퓨팅

1장

아이언맨의 '자비스', AI 에이전트가 온다!

구글은 '프로젝트 자비스Project Jarvis'라는 코드명으로 AI 에이전트를 개발하고 있다. 자비스는 영화 〈아이언맨〉에 나오는 인공지능 비서의 이름이다. 생성형 AI가 기존 AI 시장의 판을 한 번 뒤집어놨다면, 이제는 AI 에이전트가 새로운 패러다임의 출현을 알리고 있다. 챗봇, 생성형 AI는 모두 시장에 출시될 때마다 사람이 할 수 있는 일의 일정 부분을 담당해왔다. 하지만 우리가 영화에서 본 것처럼 정말 인간같이 생각하고 행동하지는 못해 사람들이 원하는 욕구를 충족시킬 수 없었다. 에이전트를 통제하고 관리하는 AI 에이전트의 등장으로 이제는 그 욕구의 많은 부분을 채울 수 있게 되었다. '지휘자conductor', '오케스트레이션 에이전트orchestration agent', '메타 에이전트Meta agent'라 불리는 AI 에이전트는 기존에 하나의 특화된 업무만 처리할 수 있었던 '에이전트 섬agent island'을 벗어날 수 있게 해준다.[1]

AI 에이전트에 대해 말하기에 앞서 기존 챗봇이나 생성형 AI를 생각해보면, AI 에이전트가 어떤 능력을 가졌고, 시장에 어떤 영향을 미칠 수 있는지를 쉽게 알 수 있다. 챗봇은 인간이 정해준 규칙에 기반해 대화한다. 대부분 챗봇으로 서비스나 배달 관련 문의를 하면, 정형화된 답을 듣다가 끝난다. 왜냐하면 챗봇은 미리 정의된 질문에만 답하기 때문이다. 조금이라도 그 틀을 벗어나면 동일한 질문과 답을 할 뿐이다. 그리고 깊이 있는 대화를 하려고 하면, 챗봇은 결국 상담 전화번호를 제시한다.

세계 최초의 챗봇은 1966년 미국 MIT의 조지프 와이젠바움Joseph Weisenbaum 교수가 개발한 상담 치료 목적의 엘리자ELIZA다. 엘리자는 사용자가 실제 치료사와 대화하는 듯한 느낌을 주는 200줄짜리 프로그램이었다. 이후 챗봇은 정보 검색, 기본적인 상호작용, 단순 고객 지원에 주로 활

그림 1 | 챗봇 엘리자

```
Welcome to
                EEEEEE  LL      IIII  ZZZZZZ  AAAAA
                EE      LL       II       ZZ  AA  AA
                EEEEE   LL       II      ZZZ  AAAAAAAA
                EE      LL       II      ZZ   AA  AA
                EEEEEE  LLLLLL  IIII  ZZZZZZ  AA  AA

Eliza is a mock Rogerian psychotherapist.
The original program was described by Joseph Weizenbaum in 1966.
This implementation by Norbert Landsteiner 2005.

ELIZA: Is something troubling you ?
YOU:   Men are all alike.
ELIZA: What is the connection, do you suppose ?
YOU:   They're always bugging us about something or other.
ELIZA: Can you think of a specific example ?
YOU:   Well, my boyfriend made me come here.
ELIZA: Is it important to you that your boyfriend made you come here ?
YOU:   He says I'm depressed much of the time.
ELIZA: I am sorry to hear that you are depressed.
YOU:   It's true. I am unhappy.
ELIZA: Can you explain what made you unhappy ?
YOU:
```

자료: 위키피디아

용되었다. 챗봇은 AI 에이전트와 유사한 대화형 인터페이스를 가지고 있지만, 동일한 방식으로 언어를 이해하지는 못한다.[2] 어떻게 보면 챗봇은 IT 기술이 적용된 과자나 음료자판기 같다고 생각하면 쉽다. 즉, 사전 정의된 규칙, 의사 결정 트리, 응답 스크립트를 기반으로 사용자와 형식적으로 상호작용할 뿐이다.

이에 반해 생성형 AI는 챗봇과 달리 더 고도화된 능력을 지녔다. 사람의 질문에 단편적으로 답하지 않고 기존에 학습된 데이터를 바탕으로 데이터를 가공하고 분석해 답을 한다. 그렇기 때문에 챗GPT 같은 생성형 AI의 등장은 '인간의 역할은 무엇인가'라는 질문을 촉발했다. 하지만 이런 생성형 AI 역시 인간의 프롬프트(명령)에 한정되어 움직인다. 생성형 AI는 하나의 프롬프트가 끝나면 또 다른 프롬프트를 입력해야 움직인다. 예를 들어 내가 유럽여행을 가고 싶다면, 서울에서 유럽까지 갈 수 있는 교통편, 호텔, 유명관광지 등을 하나씩 물어봐야 한다. 유럽여행을 가기 위해 필요한 사항을 알려달라고 한다고 해서 스스로 필요한 것을 확인해서 알려주지 않는다. 그래서 가트너는 기존의 생성형 AI는 계획을 세우고 조치를 취할 수 있는 능력이 없어 AI 에이전트가 아니며, LLM에서 실행되고 가장 일반적인 단어 조합을 예측하여 사용자 '프롬프트'에 응답만 한다고 강조한다.[3]

반면 AI 에이전트는 챗봇, 생성형 AI 등과 다르게 스스로 작업을 정의하고 행동한다. 세계경제포럼World Economic Forum은 목표를 달성하기 위해 환경을 감지하고 행동하는 자율 시스템으로 AI 에이전트를 정의한다.[4] 가트너는 AI 기술을 사용하여 작업을 완료하고 목표를 달성하는 목표 중심 소프트웨어 엔티티entities라고 말한다.[5] IBM은 워크플로를 설계하고 사용 가능한 도구를 활용해 사용자 또는 다른 시스템을 대신하여 작업을 자율적으로 수행할 수 있는 시스템이나 프로그램으로 정의한다.[6] 이처럼 AI 에이전트는 한 번의 지시로 AI가 모든 것을 알아서 처리할 수 있다. 앞서 본 여행 질문에 AI 에이전트는 항공편, 숙소, 관광명소, 맛집 등을 다른 에이전트를 활용해 처리한다. 기존 AI가 명령을 단순히 이행만 했다면, AI 에이전트는 주어진 작업의 계획, 정보수집, 답변의 단계를 스스로 수행한다. 그래서 AI 에이전트는 사람이 자고 있을 때에도 메시지에 답할 수 있다. (그림 2)

AI 에이전트의 특징은 인식, 분석 및 처리, 실행 측면에서 보면 더 이해하기 쉽다.[7] 인식 측면에서는 주어진 환경에 대한 맥락적 인식이 가능하며, 분석 및 처리 단계에서는 추론 및 학습, 메모리 액세스를 통해 개인화된 분석이 가능하다. 실행 측면에서는 앞서 보았듯이 자율적으로 작업을 처리하고 이를 위해 다른 에이전트와 외부 도구 등을 활용한다. 이런 특징은 인간과 AI 간의 질적인 상호작용을 강화하고 일상에서 AI의 활용을 확대한

그림 2 | 다수의 특화된 AI 모델을 활용한 AI 에이전트의 작업 방식

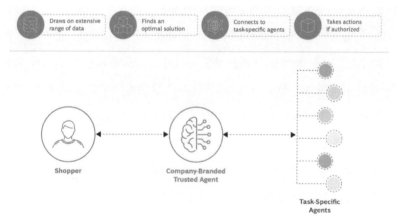

자료: BCG, How AI Agents Are Opening the Golden Era of Customer Experience, 2025.1.13.

표 1 | AI 에이전트의 특징

구분	항목	세부 내용
인식	맥락 인식	주변 환경 인식, 주어진 작업의 맥락 이해
	멀티모달	텍스트 외 비디오, 이미지, 오디오 등의 데이터 인식
분석 및 처리	추론 및 학습	LLM을 활용해 복잡한 문제 세분화, 정보 추출·가공·분석, 문제 해결을 위한 최적화된 의사결정(성찰을 통한 반복학습)
	메모리 엑세스	에이전트의 사고 과정에 대한 내부 로그와 사용자와의 대화 기록 등 이전 메모리에 접근 가능
실행	자율성	주어진 목표를 완수하기 위해 자율적으로 계획 수립 및 이행
	오케스트레이션	다른 생성형 AI 에이전트(멀티 에이전트), 다양한 툴(API, 웹 검색 등)을 사용해 작업

다. (표 1) 가트너의 기존 AI와 AI 에이전트의 비교 분석 결과를 보면, AI 에이전트는 복잡한 환경에서 적응력이 높고, 선제적인 기획이 가능하며, 자율적이다. 앞서 본 글로벌 기관이나 기업의 정의를 고려했을 때, AI 에이전트는 '자율', '추론', '행동'이 핵심이다. (그림 3)

빌 게이츠는 AI 에이전트의 이런 특징 때문에 "에이전트는 단순히 컴퓨터와의 상호작용 방식을 바꾸는 것뿐 아니라 소프트웨어 산업 전체를 뒤흔들 것이다"라며 AI 에이전트의 파급효과를 강조했다.[8] 가트너에 따르면, 2028년까지 엔터프라이즈 소프트웨어 애플리케이션 시장의 33%가 AI 에이전트가 된다고 한다.[9] 글로벌 컨설팅사인 딜로이트Deloitte 또한 2025년에 생성형 AI를 사용하는 기업의 25%가 AI 에이전트 파일럿(혹은 개념증명)을 진행할 것으로 보고 있으며 2027년에는 그 비중이 50%까지 증가할 것으로 전망한다.[10] 글로벌 시장조사업체인 그랜드뷰리서치Grand View Research

그림 3 | 에이전트 AI와 기존 AI의 능력 비교

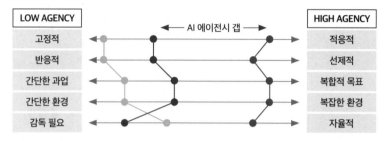

자료: 가트너, 2024(https://www.gartner.com/en/articles/intelligent-agent-in-ai)

는 AI 에이전트 시장 규모가 2024년 54억 달러에서 2030년 503억 달러로 10배 이상 성장할 것으로 전망한다.

2023년 11월 설립된 코그니션랩스Cognition Labs는 2024년 3월 AI 소프트웨어 엔지니어인 데빈 AIDevin AI를 출시했다.[11] 데빈 AI는 엔드투엔드End-to-End 개발이 가능하다. 데빈 AI는 요구 사항 파악, 코드 구성, 버그 해결, 애플리케이션 배포까지 다양한 작업을 수행할 수 있다. 또한 API 문서, 온라인 튜토리얼 등을 스스로 학습하고 작업을 완료한다. 특히 복잡한 엔지니어링 문제의 해결이 가능하다.[12]

모건스탠리는 챗GPT 기반 AI 어시스턴트 'AI@Morgan Stanley Assistant'를 2023년 10월 도입했다. 이 AI 에이전트는 약 10만 개의 내부 보고서를 학습해 사내 파이낸셜 어드바이저를 지원한다. 예를 들어 투자 추천, 사업 실적, 내부 프로세스 등에 대해 질문하면 답을 해준다.[13] 여기서 더 나아가 위스퍼Whisper와 GPT-4를 활용해 재무 자문가용 회의 요약 도구

그림 4 | 모건스탠리의 AI@Morgan Stanley Assistant

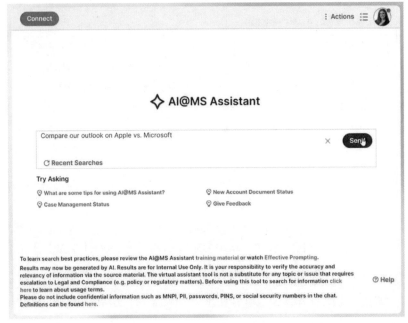

자료: 오픈AI, https://openai.com/index/morgan-stanley

인 'AI@Morgan Stanley Debrief'도 출시했다.[14](그림 4)

JP모건 또한 2024년 8월 LLM 스위트LLM Suite라는 AI 어시스턴트를 도입했다. 글쓰기, 아이디어 창출, 문서 요약, 정보 검색 등이 가능하다.[15] 예를 들어 고객과의 소통 방법 개선 아이디어 도출, 콜센터 통화 내용 요약 및 인사이트 도출 등의 도움을 받을 수 있다.

2025년 1월에는 오픈AI가 AI 에이전트 오퍼레이터Operator 미리보기를 출시했다. 오퍼레이터는 사용자를 대신하여 웹브라우저를 제어해 쇼핑, 식사 배달, 식당 및 숙박 예약 등의 작업을 독립적으로 수행한다. 오퍼레이터는 컴퓨터 사용 에이전트Computer-Using Agent, CUA 모델로, 사람처럼 브라우 저를 조작할 수 있어 웹사이트 버튼이나 메뉴를 직접 클릭할 수 있다.

삼성전자 또한 갤럭시 S25를 공개하면서 AI 영상 편집기능, 구글 제미나이를 탑재해 AI 고객 경험을 극대화했다. 최근에는 이처럼 AI 에이전트 제품이나 서비스가 지속적으로 출시되고 있다. SKT는 모바일 디바이스 기반의 애스터Aster를 2024년에 출시했다. 일상관리에 초점을 둔 애스터는 계획, 실행, 상기, 조언 등이 가능하다.[16] 예를 들어 "서울에서 뭘 해야 하지?" 라고 물으면, 알아서 쇼핑, 맛집, 관광지, 교통편 등을 상세하게 알려준다.

AI 에이전트를 바로 체감해볼 수 있는 서비스가 있는데, 바로 AI 검색 젠스파크Genspark다. 젠스파크는 중국 빅테크인 바이두Baidu 출신의 에릭 징 Eric Xing, 케이 주Kay Zhu가 2023년 설립했다. 이 스타트업은 2024년 설립 1년 만에 2억 6,000만 달러의 가치를 평가받았다. 젠스파크는 챗GPT, 클러드, 구글 제미나이 등의 답변을 활용해 질문에 답해주는 세계 최초의 혼합 에이전트Mixture-of-Agent 시스템으로, 단일 생성형 AI 서비스보다 정보가 풍부하고 상대적으로 신뢰성이 높다.[17] 특히 심층연구 기능Deep Research은 하나의 주제에 대해 다양한 에이전트를 활용하여 연구계획을 수립한 후, 서론, 본론, 결론의 형태를 갖춘 깊이 있는 연구보고서를 알아서 작성해준다. 오픈AI의 챗GPT도 최근 심층연구 기능을 도입했다. (그림 5, 6)

이처럼 AI 에이전트는 비서 역할을 수행하기 때문에 초개인화된 서비스가 가능하다. 일상의 동반자로서 AI 에이전트는 단순 업무 지원부터 데이터 분석을 통한 인사이트 도출 등 전문화된 서비스까지 그 영역을 확장해 가고 있다. 하지만 AI 에이전트가 완전히 사람의 통제를 받지 않는 건 아니다. AI 에이전트 능력의 고도화는 지속될 것이지만, 사람의 통제는 필요하다.[18] 그 통제의 정도가 덜할 뿐이다. 현재의 AI 에이전트는 여전히 많은 오류를 범할 가능성이 높기 때문이다. (그림 7)

그림 5 | 젠스파크의 세계 최초 혼합 에이전트 시스템

자료: 젠스파크

그림 6 | 젠스파크 에이전트

자료: 젠스파크

그림 7 | AI 에이전트 능력의 고도화

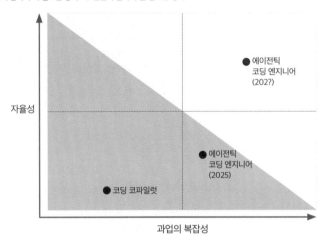

● 인간의 감독이 더 필요한 영역 ○ 인간의 감독이 덜 필요한 영역

자료: 딜로이트, 2024

젠스파크 심층연구 결과 : 국내외 소형언어모델 기반 AI 서비스 분석

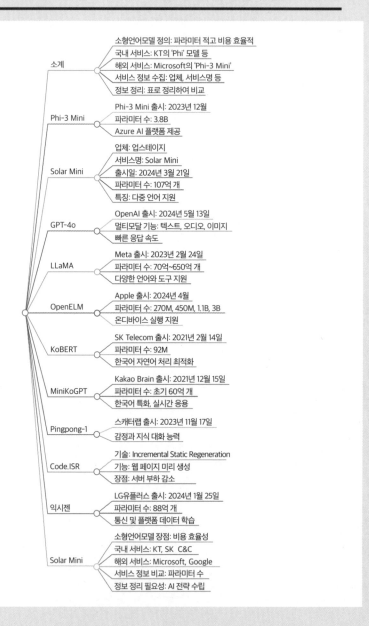

소개
- 소형언어모델 정의: 파라미터 적고 비용 효율적
- 국내 서비스: KT의 'Phi' 모델 등
- 해외 서비스: Microsoft의 'Phi-3 Mini'
- 서비스 정보 수집: 업체, 서비스명 등
- 정보 정리: 표로 정리하여 비교

Phi-3 Mini
- Phi-3 Mini 출시: 2023년 12월
- 파라미터 수: 3.8B
- Azure AI 플랫폼 제공

Solar Mini
- 업체: 업스테이지
- 서비스명: Solar Mini
- 출시일: 2024년 3월 21일
- 파라미터 수: 107억 개
- 특징: 다중 언어 지원

GPT-4o
- OpenAI 출시: 2024년 5월 13일
- 멀티모달 기능: 텍스트, 오디오, 이미지
- 빠른 응답 속도

LLaMA
- Meta 출시: 2023년 2월 24일
- 파라미터 수: 70억~650억 개
- 다양한 언어와 도구 지원

OpenELM
- Apple 출시: 2024년 4월
- 파라미터 수: 270M, 450M, 1.1B, 3B
- 온디바이스 실행 지원

KoBERT
- SK Telecom 출시: 2021년 2월 14일
- 파라미터 수: 92M
- 한국어 자연어 처리 최적화

MiniKoGPT
- Kakao Brain 출시: 2021년 12월 15일
- 파라미터 수: 초기 60억 개
- 한국어 특화, 실시간 응용

Pingpong-1
- 스캐터랩 출시: 2023년 11월 17일
- 감정과 지식 대화 능력

Code.ISR
- 기술: Incremental Static Regeneration
- 기능: 웹 페이지 미리 생성
- 장점: 서버 부하 감소

익시젠
- LG유플러스 출시: 2024년 1월 25일
- 파라미터 수: 88억 개
- 통신 및 플랫폼 데이터 학습

Solar Mini
- 소형언어모델 장점: 비용 효율성
- 국내 서비스: KT, SK C&C
- 해외 서비스: Microsoft, Google
- 서비스 정보 비교: 파라미터 수
- 정보 정리 필요성: AI 전략 수립

소개

소형언어모델은 대형언어모델에 비해 파라미터 수가 적고, 비용 효율성이 높은 모델을 의미합니다. 이러한 모델은 대형언어모델에 비해 적은 자원으로도 유사한 성능을 발휘할 수 있으며, 다양한 플랫폼에서 활용 가능합니다. 예를 들어, Meta의 LLaMA는 소형언어모델의 대표적인 사례로, 적은 파라미터 수로도 높은 성능을 발휘할 수 있도록 설계되었습니다.

국내에서는 주요 IT 기업과 스타트업들이 소형언어모델 기반 AI 서비스를 활발히 개발하고 있습니다. 예를 들어, KT는 'Phi'라는 소형언어모델을 개발하여 한국 시장에 최적화된 AI 서비스를 제공할 계획입니다. 이러한 서비스는 다양한 산업 분야에 적용될 수 있으며, 특히 한국어 처리에 강점을 가지고 있습니다.(중략)

Phi-3 Mini

Phi-3 Mini는 Microsoft에서 개발한 소형언어모델로, 2023년 12월에 출시되었습니다. 이 모델은 3.8B의 파라미터를 가지고 있으며, 고효율성과 다양한 환경에서의 사용 가능성을 특징으로 합니다. Phi-3 Mini는 특히 모바일 기기와 같은 제한된 자원 환경에서도 뛰어난 성능을 발휘할 수 있도록 설계되었습니다.

이 모델은 Azure AI 플랫폼을 통해 제공되며, 다양한 AI 작업에 활용될 수 있습니다. Phi-3 Mini는 특히 실시간 응답이 필요한 애플리케이션에서 유용하며, 고성능을 유지하면서도 비용 효율성을 제공합니다. 이는 Microsoft의 AI 전략에서 중요한 역할을 담당하고 있습니다.(중략)

결론

소형언어모델은 대형언어모델에 비해 상대적으로 적은 파라미터 수를 가지며, 비용 효율성과 구동 환경의 유연성을 강조합니다. 이러한 모델은 대규모 데이터와 고성능 하드웨어가 필요하지 않으며, 다양한 플랫폼에서 활용될 수 있습니다. 국내에서는 KT와 SK C&C가 소형언어모델 기반 AI 서비스를 활발히 개발하고 있습니다. KT는 'Phi'라는 소형언어모델을 개발하여 한국 시장에 최적화된 AI 서비스를 제공하고 있으며, SK C&C는 'Solur LLMOps'라는 플랫폼을 통해 다양한 산업 분야에 맞춤형 AI 솔루션을 제공합니다.

해외에서는 Microsoft와 Google이 소형언어모델을 활용한 AI 서비스를 선보이고 있습니다. Microsoft는 'Phi-3 Mini'라는 모델을 통해 다양한 크기의 모델을 제공하며, Google은 'Gemma' 모델을 통해 효율적인 AI 솔루션을 제공합니다.(중략)

Appendix: Supplementary Data Table

(소형언어모델 서비스 정리표 생략)

Appendix: Supplementary Video Resources

(소형언어모델 서비스 동영상 생략)

2장

언제 어디서나 온디바이스 AI, 내 손안의 AI

LLM에 기반한 생성형 AI의 등장은 AI에 대한 관심을 폭발적으로 증가시켰다. 그뿐 아니라 향후 AI가 어떻게 우리 일상에서 활용될 수 있는지를 알려줬다. 하지만 클라우드 기반의 대규모 데이터 처리는 AI 서비스의 품질 저하 문제가 있다. 서비스 수준의 핵심 중 하나는 사람의 질문에 얼마나 빨리 대답하느냐다. 하지만 그렇지 못한 경우가 종종 발생한다. 초기 생성형 AI 서비스를 이용해본 사람이라면, 바로 답변을 하지 않을 때의 그 기다림이 얼마나 많은 사람들의 서비스 이탈을 촉발했는지 알 것이다. 이는 하드웨어가 소프트웨어 모델을 따라갈 수 없는 현상 때문이다. OWIDOur World in Data의 분석 결과를 보면, 데이터 처리량은 2020년 전후로 급속히 증가하고 있다. (그림 1)

LLM은 하드웨어적 이슈뿐 아니라 데이터센터 운영 비용과 과도한 전력 사용, 프라이버시 등의 문제를 야기한다. 비용과 전력량 측면에서 보면, 대

그림 1 | 영역별 주요 AI 모델의 학습 연산량

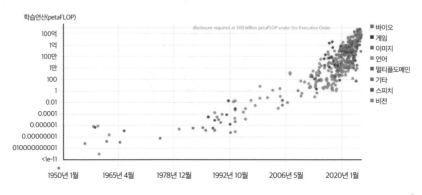

자료: 에포크(2024) - with major processing by Our World in Data[1]

규모 데이터를 처리하기 위해서는 그만큼 데이터 처리 비용이 수반될 수밖에 없으며, 해당 데이터 처리를 위해 클라우드 및 데이터센터를 운영하려면 전력 소모가 과도할 수밖에 없다. 예를 들어 AI 반도체 장비 운용, 쿨링 비용 등이 있다. 프라이버시 측면에서도 대규모 데이터를 처리하는 과정에서 데이터센터에 이용자를 식별할 수 있는 개인정보가 저장되기 때문에 정보 보안 이슈가 발생할 수밖에 없다. 기업 기밀 자료도 마찬가지다. 이처럼 소프트웨어 모델 크기의 빠른 증가는 기존 클라우드 기반 AI가 아닌 온디바이스 AI의 수요를 높이고 있다. 온디바이스 AI는 앞서 본 서버나 클라우드를 활용하지 않고 스마트폰 같은 모바일 디바이스에서 정보를 처리할 수 있는 기술이다. 인터넷 연결이 필요 없다. 서비스 지연 이슈도 적다.

클라우드 AI와 온디바이스 AI의 운영 방식 차이를 보면, 왜 온디바이스 AI가 필요한지를 알 수 있다. 클라우드 AI는 클라우드를 통해 AI 모델을 처리한다. 사용자가 스마트 디바이스에 분석 명령을 내리면 스마트 디바이스는 해당 명령을 클라우드에 전달한다. 그러면 클라우드에서 AI 모델을 활용해 명령 분석 결과를 도출하고 다시 스마트 디바이스로 전송해 사용자가 원하는 결과를 보여준다. 반면에 온디바이스 AI는 스마트 디바이스가 자체적으로 AI 모델을 활용해 분석 결괏값을 도출하기 때문에 사용자 입장에서는 AI 서비스를 빠르게 받아볼 수 있다. 전체 프로세스 상에서 데이터가 클라우드로 갔다가 다시 스마트 디바이스로 가는 과정이 생략되기 때문이다. (그림 2)

  기존 클라우드 기반 AI의 필요성이 없어지는 것은 아니지만 온디바이스 AI는 AI 일상화 측면에서 필수적이다.[2] 대중화에서는 정밀한 분석도 중요하지만 보안, 속도 등도 중요한 요인이기 때문이다. 더 나아가 온디바이스 AI는 맞춤형 서비스를 위한 기반이 된다. AI 연산에서도 학습을 강조하는 LLM 대비 추론이 중요하다. 학습 연산은 대규모 데이터를 동시다발적으로

그림 2 | 클라우드 AI, 엣지 AI, 온디바이스 AI 운영 방식 비교

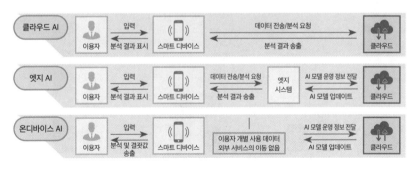

자료: 삼정KPMG, 생성형 AI에 펼쳐진 새로운 무대, 온디바이스 AI, 이슈 모니터 제165호, 2024.6

처리해야 하기 때문에 그래픽처리장치GPU가 필요한 반면, 추론 연산은 기존에 학습된 AI 모델을 활용하기 때문에 신경망 연산을 위한 신경망처리장치NPU가 필요하다. NPU는 AI 개발에 필요한 제어 및 산술논리 구성요소를 갖춰 기계학습, 심화학습 알고리즘을 실행하는 데 최적화되어 있으며, GPU의 불필요한 기능을 모두 제거해 AI 연산에 최적화된 기능만 집약한 칩이다.[3] 그래서 NPU는 GPU 대비 저비용, 저발열, 저전력이어서 효율성이 높고 AI 연산에 특화되어 있다. (그림 3)

엔비디아와 AMD가 GPU 시장을 주도하고 있다면, NPU는 퀄컴, 인텔, 애플 등의 업체들이 시장을 이끌고 있다. 이에 따라 향후 AI 반도체 시장에서도 학습용보다 추론용 반도체가 더 많은 비중을 차지할 것으로 본다. 이미 엔비디아는 2024년 11월 실적 발표에서, 데이터센터에서 최근 추론을 위한 워크로드가 학습의 워크로드를 앞질렀다고 발표했다. 국내 AI 반도체

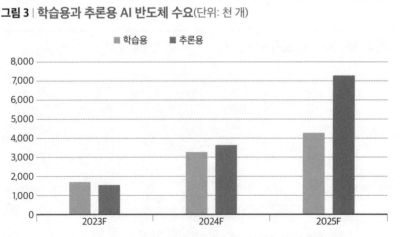

그림 3 | 학습용과 추론용 AI 반도체 수요(단위: 천 개)

자료: 현대차증권, 2024 AI 산업 연간전망: 온디바이스 AI와 NPU 시장의 개화, 2023.11.24

스타트업 퓨리오사AI는 2024년 레니게이드RNGD라는 추론에 특화된 AI 반도체를 공개하기도 했다.[4] 세계 최대 AI 반도체 회사인 엔비디아의 AI 반도체는 학습에 특화되어 있다. (그림 4)

온디바이스 AI는 스마트폰이나 생활가전 기반 서비스에 활용되고 있다. 삼성전자의 갤럭시 S24 시리즈에는 온디바이스 AI 기반 실시간통역 Live Translate 통화 기능이 제공된다. 이 기능은 외국인과 통화할 경우, 스마트폰이 알아서 모국어로 통역해준다. 통역은 음성과 텍스트로 모두 가능하다. 삼성전자는 온디바이스 AI 모델을 2019년부터 개발하기 시작했으며, 특히 모델의 경량화를 위해 지식 증류Knowledge Distillation 방식과 양자화 Quantization 기술을 활용했다.[5] 지식 증류는 성능이 좋은 모델에서 핵심만

그림 4 | 온디바이스 AI 가치사슬[6]

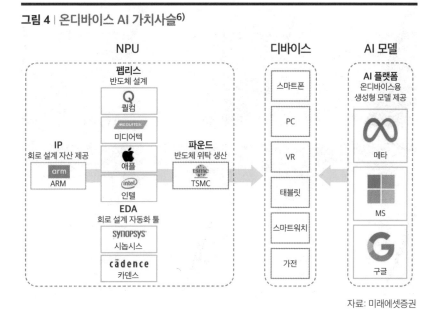

자료: 미래에셋증권

뽑아서 작은 모델을 전달하는 방식이다. 한마디로 일목요연하게 정리해주는 형태다. 양자화 기술은 AI 알고리즘을 단순화해 응답속도를 높이는 기술이다. 예를 들어 과일 사진에는 수많은 색상이 있지만, 이를 몇 개의 색으로 최소화해 실제 사진 속 이미지를 구현하는 과정이라고 생각하면 쉽다. (그림 5)

삼성전자는 CES2024에서 'Neo QLED 8K TV'에 온디바이스 AI를 적용해 저해상도 영상을 고해상도로 업스케일링 하는 기능을 선보였다. 그뿐 아니라 액티브 보이스 프로 기능은 외부소음을 고려해 시청자가 편하

그림 5 | 온디바이스 AI 번역 기능 활용 사례

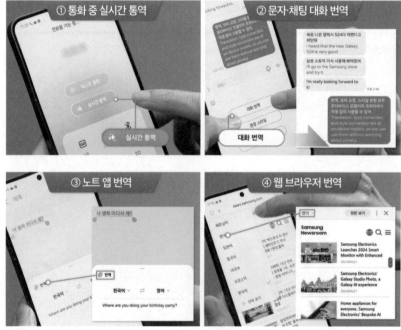

자료: 삼성전자 뉴스룸, 2024.4.26

게 들을 수 있게 사운드를 최적화해준다. LG전자는 인공지능을 공감지능으로 재정의하며, 온디바이스 AI 기반 다양한 제품을 출시했다. 공감지능의 특징은 사용자의 안전·보안·건강을 케어할 수 있는 실시간생활지능Real-TimeLifeIntelligence, 자율적으로 문제를 해결해 최적의 서비스를 제공하는 조율·지휘지능Orchestrated Intelligence, 보안 문제를 해결하고 초개인화 서비스를 위한 책임지능ResponsibleIntelligence이다.[7] 가장 대표적인 제품으로 'LG 트롬 오브제컬렉션 워시콤보'가 있다. 워시콤보는 디바이스가 세탁물을 스스로 분석해 세탁, 탈수 등의 방식을 결정해준다. 여기에는 LG전자가 개발한 가전제품에 특화된 온디바이스 AI 칩 'DQ-C'가 탑재되었다. (그림 6)

구글도 온디바이스 AI을 적용한 제품을 선보였다. 구글은 스마트폰 픽셀 8 프로에 온디바이스 AI로 구글 제미나이 나노를 탑재했다. 픽셀8 프로는

그림 6 | LG전자 공감지능의 AI 가전

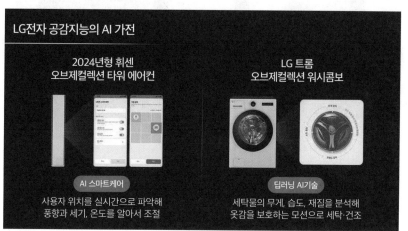

자료: LG전자 뉴스룸, 2024.4.3

녹음된 대화나 프레젠테이션 요약이 가능하며, 인터넷 연결이 필요 없다. 구글이 2024년 하반기에 공개한 픽셀9에서는 음성 AI 비서인 '제미나이 라이브Gemini Live'를 사용할 수 있으며, 이미지, 파일, 동영상을 가지고도 대화할 수 있다. (그림 7)

이처럼 온디바이스 AI는 스마트폰, 생활가전 등을 통해 우리 일상의 다양한 영역으로 침투하고 있다. 향후 생성형 AI가 탑재된 디바이스가 확산된다면, AI는 지금의 스마트폰처럼 우리 일상이 될 것이다. AI의 스마트폰 침투율은 2027년까지 40% 이상, PC는 약 60% 이상이 될 것으로 전망된다. 온디

그림 7 | 이미지, 동영상 대화가 가능한 제미나이 라이브

자료: 구글

그림 8 | 주요 시장조사기관의 AI 스마트폰 및 PC 시장 침투율 전망

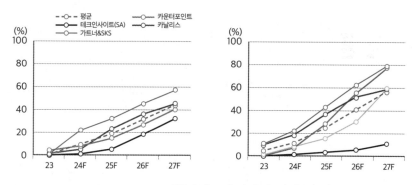

자료: Techinsights(SA), 가트너, 카운터포인트, Canalys, SK증권

바이스 AI의 생태계는 지속적으로 확대될 것으로 보여 LLM에 기반한 생성형 AI 혁명 이후, 온디바이스 AI 혁명이 경량화된 AI 모델과 함께 다양한 산업군에 적용되면서 AI 시장의 새로운 동력으로 부상할 것이다.[8] (그림 8)

특히, 온디바이스 AI는 하이브리드 형태로 진화가 예상된다. 퀄컴이 2023년 발간한 〈AI의 미래는 하이브리드The Future of AI is Hybrid〉라는 보고서에서 하이브리드 AI는 피할 수 없다고 주장한다.[9] 하이브리드 AI는 디바이스와 클라우드를 모두 활용하여 AI 연산을 시간적으로나 위치적으로 적절하게 나눠서 향상된 경험과 효율적 자원 활용을 가능하게 한다. 실제로 지금 출시되는 온디바이스 AI 제품이나 서비스 중에는 하이브리드 형태가 많다. 주류 시장인 클라우드 기반의 서비스가 앞으로 지속 성장이 예상되므로 온디바이스 AI의 비용, 에너지, 개인정보보호 측면의 장점을 활용한 최적화된 AI 서비스 제공이 필요하다. (그림 9)

그림 9 | AI 스마트폰 침투율 증가에 따른 온디바이스 AI 혁명

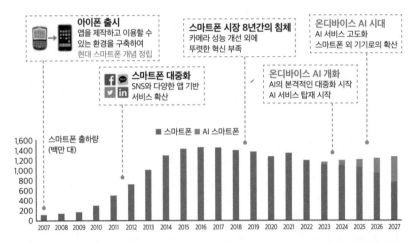

자료: IDC, 미래에셋증권, 2023

3장

거대언어모델에서 소형언어모델로 축의 이동

오픈AI의 챗GPT가 출시된 후, 구글, MS 등 글로벌 빅테크들은 LLM 기반 서비스를 출시했다. 하지만 LLM은 대규모 투자가 필요하고 관리 및 운영 면에서도 많은 비용이 소요된다. 앞서 본 온디바이스 AI와 함께 최근에는 LLM의 이런 이슈 때문에 SLM 개발이 빨라지고 있다. 2024년 상반기부터 구글은 젬마, 앤스로픽은 클로드3 하이쿠, MS는 파이Phi3 미니, 메타는 라마3, 오픈AI는 GPT-4o 미니를 선보이며, 시장의 축이 LLM에서 SLM으로 이동하고 있다. 국내에서도 네이버가 하이퍼클로바X대시, 업스테이지는 솔라 미니, LGU+ 익시젠을 선보이며, AI 시장 변화에 대응하고 있는 상황이다. AI 스마트폰이 출시되면서 경량화된 AI 모델 수요는 점점 증가하고 있다.

LG AI연구원이 익시젠 이후 2024년 12월 공개한 엑사원3.5는 온디바이스용 초경량 모델(2.4B), 범용 목적 경량 모델(7.8B), 특화 분야 고성능 모

표 1 | 국내외 소형언어모델

구분	업체	서비스	출시일	매개변수 (개)	비고
해외	구글	젬마	2024.2.21	20억, 70억	2개의 경량 모델 출시
	앤스로픽	클로드3 하이쿠	2024.3.14	미공개	
	MS	파이3 미니	2024.3.28	38억	파라미터 70억 개인 스몰, 140억 개인 미디엄 버전도 공개 예정
	메타	라마3	2024.4.18	80억, 700억	2개의 경량 모델 출시
	오픈AI	GPT-4o 미니	2024.7.18	미공개	
국내	네이버	하이퍼클로바X대시	2024.4.25	40~70억	
	업스테이지	솔라 미니	2024.3.21	107억	AWS의 머신러닝ML 허브 '아마존 세이지메이커 점프스타트'에 출시
	LGU+	익시젠	2024.6.25	88억	2024년 12월 엑사원3.5에서는 온디바이스용 초경량 모델(24억 개), 범용 목적 경량 모델(78억 개), Frontier AI급 고성능 모델(320억 개) 공개

자료: 언론 보도 자료 정리

델(32B)로 구분된다. LG AI연구원이 공개한 테크니컬 리포트를 보면, 실제 사용성과 관련된 성능Real-world use cases 측면에서 지시사항 이행능력 Instruction Following Capabilities 평균 점수가 글로벌 모델 대비 높은 것으로 나타났다. (그림 1)

SLM과 LLM를 가르는 기준은 매개변수다. LLM의 매개변수가 보통 수천억 개에서 수조 개에 달한다면, SLM은 1,000억 개 미만이다. 구글의 젬마는

그림 1 | 엑사원3.5 모델의 성능 비교(지시사항 이행능력)

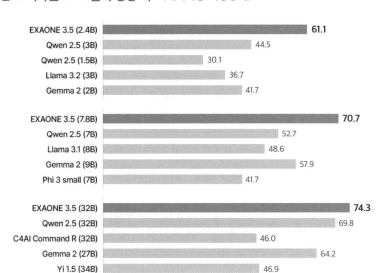

EXAONE 3.5 (2.4B)	61.1
Qwen 2.5 (3B)	44.5
Qwen 2.5 (1.5B)	30.1
Llama 3.2 (3B)	36.7
Gemma 2 (2B)	41.7
EXAONE 3.5 (7.8B)	70.7
Qwen 2.5 (7B)	52.7
Llama 3.1 (8B)	48.6
Gemma 2 (9B)	57.9
Phi 3 small (7B)	41.7
EXAONE 3.5 (32B)	74.3
Qwen 2.5 (32B)	69.8
C4AI Command R (32B)	46.0
Gemma 2 (27B)	64.2
Yi 1.5 (34B)	46.9

자료: LG AI연구원, 2024, https://www.lgresearch.ai/blog/view?seq=506

20억~70억 개, MS의 파이3 미니는 38억 개, 메타의 라마3는 80억~700억 개이다. 이처럼 SLM 중에서도 고성능 모델이 몇백억 개 수준이다. 그렇기 때문에 SLM은 데이터 처리속도가 빨라 특정 목적을 수행하는 데 적합하고 개발 및 유지 비용이 적은 반면, LLM은 고성능 모델로 범용적으로 사용이 가능하지만 운영 비용이 많이 들어간다. 운영 방식 또한 SLM은 온디바이스 기반이라면, LLM은 클라우드 기반이다. 특히 SLM은 사용자 데이터를 클라우드 전송하지 않기 때문에 개인정보 보호 이슈를 해결할 수 있다.

비용 측면을 더 자세히 들여다보면, 왜 글로벌 빅테크 기업들이 SLM에 집중하는지 알 수 있다. 실제로 미국 스탠퍼드대가 발간한 〈AI 인덱스 2024〉

에 따르면, LLM 학습 비용은 오픈AI의 GPT-4는 7,835만 달러, 구글의 제미나이 울트라는 1억 9,140만 달러로 추정된다. 디인포메이션The Information은 오픈AI의 재무 데이터 분석 결과를 바탕으로 연간 비용의 60~80%가 모델 훈련 및 운영에 사용될 것으로 보고 있으며, 흑자전환 또한 2029년에 가능할 것으로 전망하며 그 규모는 140억 달러로 본다.[1] 특히 모델 훈련을 위한 비용이 2026년에는 95억 달러에 이를 것으로 전망한다. 중요한 건 이런 학습 비용이 매년 증가하고 있다는 사실이다. 오픈AI의 GPT-3의 2020년 학습 비용은 432만 달러였지만, GPT-4는 7,835만 달러로 18배 이상 증가했다. 구글 모회사 알파벳의 존 헤네시 이사회 의장은 "생성 AI를 활용한 검색 비용이 일반 검색 비용보다 10배 더 높다"고 말했으며, 샘 올트먼 오픈AI CEO 또한 "챗GPT 구동에 들어가는 비용이 눈물 날 정도로 비싸다"고 언급하기도 했다.[2](표 2)

글로벌 시장조사 업체 밸류에이츠Valuates에 따르면, SLM 시장 규모는 2023년 51억 8,000만 달러에서 2030년 171억 8,000만 달러로 연평균 성장률이 18.7%에 달할 것으로 예상된다.[3] 국내 기업들 또한 SLM의 시장 전망

표 2 | LLM과 SLM의 비교

구분	LLM	SLM
매개변수	1,000억 개~수조 개	1,000억 개 미만
활용 범위	범용적(고성능)	한정적(맞춤형)
운영 비용	높음	낮음
속도	느림	빠름
운영 방식	클라우드	온디바이스

을 고려해 SLM에 집중할 것으로 보인다. 전자신문은 2024년 하반기 국내 AI 전문가(73명)를 대상으로 SLM 고수 전략에 대한 설문조사를 진행했다. 그 결과 '매우 동의한다'라고 응답한 사람이 28.8%, '동의한다'는 45.2%로 나타나 향후 LLM에서 SLM 시장으로의 전환은 가속화될 것으로 보인다.[4] 여기에는 글로벌 빅테크와의 단기적인 경쟁에서 경쟁 우위를 확보하기 어렵다는 판단이 깔려 있다. 인프라, 학습 비용에 조 단위 투자가 필요하기 때문이다. 하지만 LLM과 SLM에 대한 균형 있는 접근을 통해 AI 시장에 장기적 관점에서 접근해야 한다는 의견도 있다.

SLM 시장의 확대에 따라 금융에 특화된 온디바이스 AI 기반 서비스도 출시되고 있다. 이번 CES2025에서 슈프리마AISuprema AI는 'Q-Vision Pro'

그림 2 | 슈프리마AI의 Q-Vision Pro

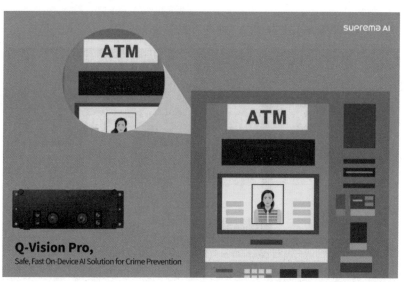

자료: CES2025 슈프리마AI 소개 페이지

를 선보였다. 임베디드 기술 부문 최고 혁신상을 수상한 Q-Vision Pro는 ATM과 같은 독립형 기기에서 발생하는 금융 범죄를 예측하고 예방하는 세계 최초의 온디바이스 AI 모듈이다.[5] 얼굴인식과 행동 분석을 통해 불법거래를 방지한다. 네트워크 연결이 되어 있지 않아도 작동이 가능하다. 슈프리마AI는 2025 이머징 AI+X 톱 100에 선정되었다. (그림 2)

핀테크 부문 최고 혁신상을 받은 고스트패스의 온디바이스 생체인증 보안 솔루션도 있다. 이 솔루션은 자신의 스마트폰에 생체정보를 저장해 제3자에게 제공할 필요가 없다. 그렇기 때문에 클라우드에 대량의 생체정보를 저장했을 때 발생할 수 있는 개인정보보호에 대한 우려를 해소할 수 있다. 기업은 이를 통해 개인정보 대량유출사고를 방지할 수 있고 서버 방식 대비 비용을 최대 10배 절감할 수 있다. 고스트패스는 CES2024에서도 스마트

그림 3 | 고스트패스의 온디바이스 생체인증 보안 솔루션

자료: 고스트패스 홈페이지

시티부문 혁신상을 수상한 경력이 있다. (그림 3)

이외 마음AI는 퀄컴과 협력해 개발한 온디바이스 AI 기반 홈 IoT 솔루션 수다Seamless Uninterrupted Dialogue Assistant, SUDA를 공개했다. 수다는 음성 인식 기반 솔루션으로 인터넷 연결 없이 홈 IoT 기능을 가진 가전제품과 연동하여 사용자가 원하는 것을 추론해 제공한다.[6] 예를 들어, 창밖의 햇살 때문에 너무 눈부시다고 하면, AI가 알아서 창문의 블라인드를 내리도록 명령한다.

그림 4 | 마음AI의 Voice Conversation 온디바이스 AI

| 스마트폰 가전 제어 | | | | 차량 인터페이스 | |
| 로봇청소기 | 선풍기 | 냉장고 | 에어컨 | 차량 내 내비게이션 | 대시보드 디스플레이 |

스마트 관광 어시스턴트 / 음성 가이드 디바이스 / 다국어 번역기
AI 기반 학습 도우미 / 스마트 화이트보드 / AI 튜터 디스플레이
물류 및 공급망 관리 지원 / 자율주행 배송 로봇 / 드론 배송 디바이스
AI 기반 고객 응대 / 음성 키오스크 / 음성 응대 로봇

자료: 마음AI

PART I. AI 혁신의 새로운 무기: AI 에이전트 온디바이스 AI·피지컬 AI

4장

피지컬 AI,
휴머노이드 로봇과
자율주행차 선점 경쟁의 시작

엔비디아의 CEO 젠슨 황은 CES2025 기조연설에서 차세대 AI 모델로 피지컬 AI를 제시했다. 과거 인식형 AI에서 생성형 AI, 에이전틱 AI, 이제는 피지컬 AI 시대가 도래했다는 것이다. 피지컬 AI는 무엇일까? 엔비디아는 피지컬 AI를 다음과 같이 정의한다. (그림 1)

피지컬 AI는 로봇, 자율주행차 같은 자율적인 기계가 현실(물리적) 세계에서 복잡한 동작을 인식, 이해, 수행하게 한다. 실행을 위한 인사이트와 행동을 생성할 수 있는 능력 때문에 생성적 피지컬 AI라고도 한다.[1]

쉽게 말하면 피지컬 AI는 다양한 물리적 기기에 AI가 내장되어 있는 것으로, 스마트폰, PC 등에 AI 기능이 삽입된 온디바이스 AI와 달리 기기 자

그림 1 | AI의 변화와 피지컬 AI 시대의 도래[2]

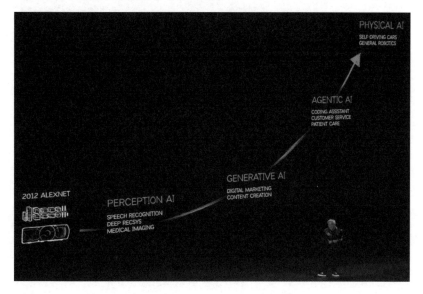

체가 하나의 AI 모델이 되어 작동한다. 젠슨 황이 CES2025에서도 언급한 것처럼 피지컬 AI의 대표적인 예는 휴머노이드 로봇과 자율주행차다. 혼자서 외부와 상호작용하며 데이터를 생성하고 축적한다.(표 1)

그래서 그는 피지컬 AI의 부가가치가 50조 달러에 달할 것이라고 한다. 엔비디아는 AI 개발 플랫폼 쿠다CUDA에 이어 피지컬 AI 시대의 새로운 개발 플랫폼인 '코스모스 월드 파운데이션 모델WFM' 플랫폼을 제시하며 시장을 주도하겠다는 계획을 밝혔다. 이 개발 플랫폼은 피지컬 AI 개발 시 필요한 방대한 양의 데이터를 손쉽게 생성할 수 있게 해준다. 차량 공유 업체 우버Uber, 애자일 로봇Agile Robots, 어질리티Agility, 피규어AIFigure AI, 와비Waabi 등이 이 플랫폼을 도입했다. [3]

표 1 │ 피지컬 AI와 온디바이스 AI 비교 분석

구분	피지컬 AI	온디바이스 AI
적용 디바이스	자율주행차, 로봇, 스마트 글래스	스마트폰, 가전, 기타(현실과 연결되는 하드웨어 도구 필요)
AI 에이전트	LLM, 멀티모달, 월드 파운데이션 모델	LLM, 멀티모달
AI 인프라	자체 GPU, ASIC, 클라우드(데이터 센터)	아웃소싱
데이터 수집 범위	넓음 (현실 세계의 모든 데이터 수집)	좁음 (디바이스 내에서의 제한적 수집)

자료: 삼성증권, CES2025, 자율주행, 불신지옥, 2024.1.14, 일부 내용 수정

최근 휴머노이드 로봇과 관련하여 부상하고 있는 업체로는 피지컬인텔리전스Physical Intelligence가 있다. 로봇 스타트업인 이 업체는 24억 달러 기업 가치를 인정받아 4억 달러 규모의 투자를 유치했다. 투자자는 아마존의 제프 베이조스Jeff Bezos, 오픈AI, 스라이브캐피탈Thrive Capital, 럭스캐피탈Lux Capital 등이다. 피지컬인텔리전스 CEO인 캐롤 하우스만Karol Hausman은 구글에서 로봇 공학 업무를 담당했으며, UC버클리에서 로봇 공학을 연구한 세르게이 레빈Sergey Levine 교수, 첼시 핀Chelsea Finn 스탠퍼드대 교수, 브라이언 이처Brian Ichter 구글 과학자 등이 창업에 참여했다. 그래서 피지컬인텔리전스는 물리적 세계에 범용 AI를 도입하고 있으며, 오늘날의 로봇과 미래에 물리적으로 작동하는 디바이스를 구현하기 위한 파운데이션 모델과 학습 알고리즘을 개발하는 엔지니어, 과학자, 로봇 공학자, 컴퍼니 빌더 집단이라고 설명한다.

그림 2 | 피지컬인텔리전스의 범용 로봇 파운데이션 모델('파이 제로π0')

자료: 피지컬인텔리전스

피지컬인텔리전스가 2024년 말에 공개한 범용 로봇 파운데이션 모델 영상을 보면, 로봇이 드럼세탁기에서 빨래를 꺼내 개거나 종이박스를 접는 모습 등이 나온다. 이제는 과거와 달리 복잡한 업무를 사람처럼 자연스럽게 할 수 있는 로봇 시대가 오고 있다는 걸 느낄 수 있다. (그림 2)

국내외 빅테크 기업은 휴머노이드 로봇을 개발해 제조공장이나 물류시설에 투입하려고 노력 중이다. 테슬라의 옵티머스Optimus, 피규어AI의 피규어02, 보스턴다이내믹스Boston Dynamics의 아틀라스Atlas, 어질리티로보틱스의 디짓Digit 등이 있다. 특히 중국의 유니트리로보틱스Unitree Robotics는 2024년에 G1이라는 저가용 로봇을 공개하면서 큰 파장을 일으켰다. 로봇 가격은 앞으로도 하락할 것으로 전망된다. 골드만삭스Goldman Sachs는 고사양 휴머노이드 로봇의 제조원가가 다양한 공급망 옵션 존재로 2022년 대당 525만 달러에서 2023년 15만 달러로 40% 정도 하락했을 것으로 추정했

표 2 | 국내외 주요 기업의 휴머노이드 로봇 현황[4]

구분	제품명	현황
테슬라	옵티머스	전기차 생산 공장에 2024년 2대 투입, 2025년 1,000대 투입 예정, 2026년 양산 목표
피규어AI	피규어02	2024년 BMW 공장에 투입(부품조립·운반, 판금검사), 2024년 말 상업 판매 시작
보스턴다이내믹스	아틀라스	2025년 현대차 생산 공장에 투입 예정
어질리티로보틱스	디짓	아마존 물류창고에 시범 투입
앱트로닉	아폴로	벤츠 헝가리 공장에서 부품 운반에 적용 예정
유니트리로보틱스	G1	1만 6,000달러의 저가형 로봇 공개, 공장과 가정에서 모두 사용 가능
샤오펑	아이언	2024년 샤오펑 광저우 공장에서 실증 중

자료: 각 사, 국내외 언론 보도 자료 종합, 2025

다.[5] 이에 따라 휴머노이드 로봇의 제조공장이나 일상에 더 빨리 투입될 것으로 전망한다. (표 2, 그림 3)

최근에는 메타가 자사의 AI 모델인 라마의 기능 극대화를 위해 휴머노이드 로봇의 연구개발을 추진 중이다. 메타는 메타버스 사업을 추진하는 리얼리티랩스에 로봇개발팀을 신설하고 GM의 자율주행차 기업인 크루즈Cruise의 전 CEO를 로봇 공학 담당 부사장으로 영입했다. 구글 또한 산업용 휴머노이드 로봇 개발 업체 앱트로닉Apptronik이 3억 5,000만 달러 투자유치(2025년 2월 13일)를 하는 데 주요 투자자로 참여했다. 오픈AI도 2025년 1월 말 상표등록 신청서에 '로봇' 분야를 포함시키며 휴머노이드 로봇 개발 경쟁이 심화되고 있다. 휴머노이드 로봇에 대한 관심이 높아지며 모건스탠리

그림 3 | 유니트리로보틱스의 저가형 로봇 G1 사양

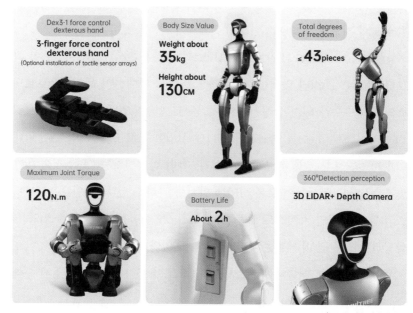

자료: 유니트리로보틱스

는 〈휴머노이드 100〉이라는 투자 보고서를 공개했다.[6] 이 보고서는 휴머노이드 산업을 브레인Brain, 바디Body, 인테그레이터Integrators 등 3가지 영역으로 구분해 100개 핵심 기업을 선정했다. 국내 기업 중에는 삼성전자, 현대차뿐만 아니라 네이버, SK하이닉스, 삼성SDI, LG에너지솔루션 등이 포함되었다.

삼성전자와 LG전자는 로봇 사업 투자를 가속화하고 있다. LG전자는 2024년 3월 미국 실리콘밸리에 설립된 AI 기반 자율주행 서비스 로봇 스타트업 베어로보틱스에 6,000만 달러를 투자했다. 베어로보틱스 이외에도

LG전자는 2017년 로봇 전문기업 로보티즈에 90억 원을 투자해 2대 주주에 올라 있고, 웨어러블 로봇 업체인 엔젤로보틱스에 2017년 설립 초기 30억 원 규모의 지분 투자를 했으며 현재 7.22%의 지분을 보유하고 있다.

삼성전자도 2023년 레인보우로보틱스의 지분을 14.7%(868억 원 투자) 확보했다. 이후 2024년 말에는 지분을 35.0%까지 확대하며 레인보우로보틱스의 최대주주가 되며 삼성전자의 자회사로 편입되었다. 레인보우로보틱스는 카이스트 휴보 랩 연구진이 2011년 설립한 로봇 전문 기업으로, 국내 최초로 2족 보행 로봇 휴보를 개발했다. 특히 삼성전자는 CEO 직속 미래로봇추진단도 신설하며 로봇 사업에 박차를 가하고 있다. 레인보우로보틱스의 창업 멤버인 카이스트 오준호 명예교수가 레인보우로보틱스 퇴임 후 삼성전자 고문 겸 미래로봇추진단장을 맡고 있다.

국내 로봇 산업 매출액은 2023년 기준 5조 9,805억 원이며, 사업체 수는

그림 4 | 국내 로봇 분야별 사업체 수 및 비중(단위: 개사, %)

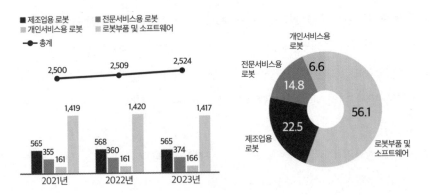

자료: 한국로봇산업협회, 2023년 기준 로봇산업 실태조사 결과보고, 2024

그림 5 | 모건스탠리의 휴머노이드 100

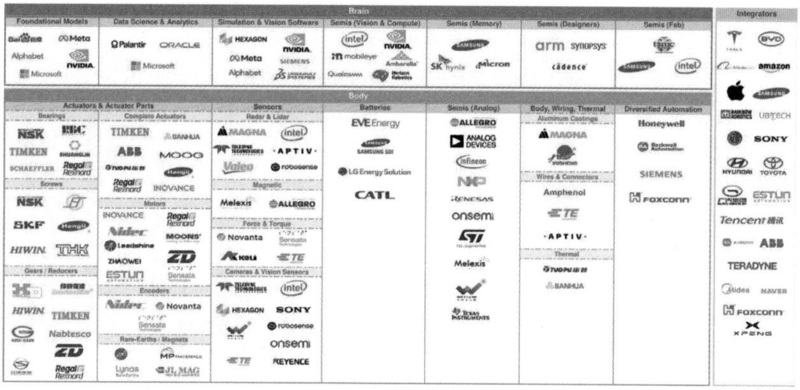

자료: 모건스탠리, 휴머노이드 100: The Humanoid 100: Mapping the Humanoid Robot Value Chain, 2025.2.6

2,524개사다. 특히 사업체의 98.2%가 중소기업이다. 분야별 비중은 로봇 부품 및 소프트웨어가 56.1%로 가장 높으며, 제조업용 로봇 22.5%, 전문서비스용 로봇이 14.8%를 차지하고 있다. (그림 4)

반면에 미국 시장조사 업체 BCC리서치BCC Research에 따르면, 글로벌 로봇 산업 규모는 2024년 784억 달러에서 연평균 16.1% 성장해 2029년 1,650억 달러에 달할 것으로 전망한다.[7] 이런 시장 격차 때문인지 CES2025 젠슨 황의 기조연설에 함께한 휴머노이드 로봇 14종 중 한국산은 없었고 6종이 중국산이었다.[8] (그림 5)

빅테크 기업인 아마존은 조만간 로봇 숫자가 인간을 압도할 만큼 높은 비중을 차지하고 있다. 아마존의 2015년 직원 수는 154명, 로봇은 30대로 직원 수 대비 로봇의 비율이 19.5%였다. 하지만 2020년 33.2%, 2023년 70.2%까지 급증하며 로봇의 비중이 3년 만에 2배 이상 증가했다.[9] 이제 로봇은

그림 6 │ 아마존의 로봇과 직원 수 추이

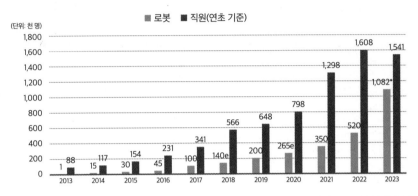

자료: ARK Investment Management LLC, BIG IDEAS 2024, 2024.1

인간의 따분하고 지루한 육체노동을 완전히 대체할 가능성이 높다. (그림 6)

피지컬 AI의 또 다른 축은 자율주행차(로보택시)다. 글로벌 자유주행차 시장 규모는 글로벌 시장조사 업체 프레지던스리서치Precedence Research에 따르면, 2023년 1,583억 달러에서 2032년 약 2조 3,539억 달러에 이를 것으로 전망된다. 연평균 성장률은 35.0%에 달한다. 구글의 자회사 웨이모Waymo의 로보택시, 아마존의 죽스Zoox, 바이두의 아폴로 고Apollo Go, 테슬라의 사이버캡Cybercap 등이 경쟁하고 있으며 2025년을 기점으로 상업용 서비스가 가속화되고 있다. 현재 구글의 웨이모가 로보택시 시장을 선도하고 있다.

웨이모는 현재 피닉스, LA, 샌프란시스코에서 웨이모 원이란 이름으로 서비스를 진행하고 있으며, 오스틴, 애틀랜타, 마이애미에서도 곧 서비스를 출시할 예정이다. 2024년에는 6세대 자율주행차 모델을 공개하고 구글의 제미나이 기반 자율주행 로보택시 훈련 모델을 개발 중이다. 6세대 모델은 카메라 13대, 라이다 4대, 레이다 6대, 외부 오디오 수신기를 장착했으며, 기존 5세대 모델 대비 비용을 대폭 절감했다.

아마존 죽스 또한 샌프란시스코, 라스베이거스에서 서비스를 진행할 예정이다. 이외 중국에서는 바이두의 아폴로가 중국 내 지역뿐 아니라 중국 밖 지역인 홍콩에서 2024년부터 2029년까지 아폴로 고 테스트 허가를 받았다. 2024년 사이버캡을 공개한 테슬라는 2025년 6월에 오스틴에 운전자 감독이 없는 FSD^{Full Self Driving} 유료 서비스를 출시할 예정이라고 밝혔다.

이처럼 로보택시 시장은 빅테크를 중심으로 시장이 활성화되고 있으며, 기존 완성차 업체는 하드웨어에서 소프트웨어가 중심이 되는 소프트웨어 중심 자동차^{Software Defined Vehicle, SDV} 시장에 대응하고 있다. 소프트웨어 중심의 자동차는 자동차의 스마트화를 통한 가치 증대가 목표다. 특히 인지,

그림 7 | 현대차의 SDV 추진 방향

자료: 현대차, 2024 CEO Investor Day, 2024

판단, 제어 등 자율주행 기술을 통한 자동차의 지능화가 핵심이다. (그림 7)

현대차는 최근 SDV 전용 차량 프로젝트 XP2를 시작했으며, 2026년까지 SDV '페이스카' 개발이 목표다.[10] 이를 통해 현대차는 자율주행 소프트웨어 업체로의 포지셔닝을 강화할 계획이다. 이 프로젝트에는 차량 외부 상황 인식, 자동차와 보행자의 움직임 예측, 조향 조작 등 모든 작업이 하나의 AI 모델에 의해 수행되는 엔드투엔드 방식을 적용할 예정이다.[11] 테슬라도 2024년 8월 모듈러 방식에서 엔드투엔드 방식으로 전환했다. 또한 현대차는 하드웨어 개발 및 제조경쟁력을 활용해 로보택시 파운드리 사업도 추진할 예정이다. 현대차는 이미 구글 웨이모와 아이오닉5 공급을 위한 전략적 파트너십을 체결했으며, 2024년 11월에는 아마존의 죽스와 목적기반차량 개발 및 공급(파운드리)을 논의하기도 했다.[12] (그림 8)

그림 8 | 현대차의 자율주행 차량 파운드리 사업화 전략

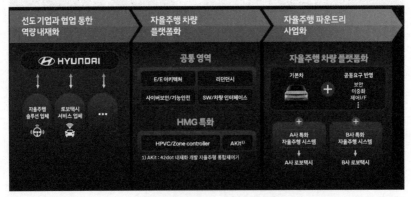

자료: 현대차, 2024 CEO Investor Day, 2024

표 3 | 로보택시 주요 업체 비교

구분	제품(서비스)	서비스 지역	최근 동향
구글 웨이모	웨이모 원	• 피닉스, LA, 샌프란시스코 • 오스틴/애틀랜타, 마이애미 서비스 예정 (2025)	• 6세대 자율주행차 모델 공개(2024) • 구글 '제미나이' 기반 자율주행 로보택시 훈련 모델 개발 중[13]
아마존 죽스	죽스	• 샌프란시스코, 라스베이거스 서비스 진행 예정 (2025)[14]	• 현대차와 전기 기반 목적기반차량PBV 개발·공급 논의(2024)
테슬라	사이버캡	• 오스틴에서 운전자 감독이 없는 FSD 유료 서비스 출시 예정(2025년 6월 목표)[15]	• 2026년 양산 목표 • 판매가는 3만 달러 이하 • 2025년까지는 기존 테슬라 차량으로 서비스
바이두 아폴로	아폴로 고	• 베이징, 상하이, 우한 등 중국 내 10여 개 지역	• 6세대 로보택시 출시 (2024) - L4 자율주행 지원하는 세계 최초의 대형 모델인 아폴로 ADFM Autonomous Driving Foundation Model 탑재 • 홍콩에서 아폴로 고 테스트 허가 획득 (2024.12~2029.12)[16]

자료: 각 사, 언론 보도 자료

5장

공간컴퓨팅, AI로 리브랜딩한 메타버스와 AR·XR·MR

CES2025의 주제는 연결Connect, 해결Solve, 발견Discover, 몰입Dive In이었다. 이 주제 중 발견의 핵심 기술은 메타버스와 증강현실Augmented Reality, AR, 확장현실eXtended Reality, XR, 혼합현실Mixed Reality, MR이었다. CES2025 개막 첫날 2025 기술 트렌드 세션에서는 공간컴퓨팅이 AI와 함께 주목해야 할 기술로 선정되기도 했다. 코로나19 이후 메타버스는 국내외에서 핫한 주제였고 제페토, 로블록스, 이프랜드 등의 관련 서비스도 쏟아졌다. 하지만 사회적 거리두기가 폐지되고 사람들의 관심이 빠르게 식어가면서 메타버스 시장은 침체되었다.[1] 현재 네이버제트의 '제페토', 롯데 '칼리버스'를 제외하면 범용 메타버스 플랫폼은 없고 LGU+의 키즈 메타버스 '키즈토피아'나 전문대학 메타버스 '메타버시티' 등 특정 분야를 위한 메타버스 정도만 운영되고 있을 뿐이다.[2]

그럼에도 CES2025 이후 기존 메타버스 시장은 AI와 함께 공간컴퓨팅으로 리브랜딩하며 새로운 성장기회를 찾고 있다. 글로벌 IT컨설팅사인 인 포마테크타깃Informa TechTarget은 〈2025년 최고의 메타버스 플랫폼, 공간컴 퓨팅의 부상〉 보고서를 발간하며 "메타버스는 공간컴퓨팅으로 리브랜딩하 고 일터에서의 영향력을 확대하며 진화하고 있다"고 평가했다.[3] 가트너도 2025년 10대 전략 기술 트렌드 중 하나로 공간컴퓨팅을 언급했다. 공간컴 퓨팅 시장은 2023년 1,100억 달러에서 2033년 1조 7,000억 달러 규모로 성 장할 것으로 전망했다.[4] 특히, 가트너는 공간컴퓨팅 기술의 확산에 최소 6~8년이 걸릴 것으로 본다. (그림 1, 2)

메타버스의 재부상을 알려줄 공간컴퓨팅은 무엇일까? 공간컴퓨팅은 MIT 미디어랩의 사이먼 그린월드Simon Greenwold가 자신의 석사 논문에서 2003년에 처음 사용한 용어로, 그는 "공간컴퓨팅은 기계가 실제 사물과 공

그림 1 | 가트너가 제시한 공간컴퓨팅 구현 3개의 레이어

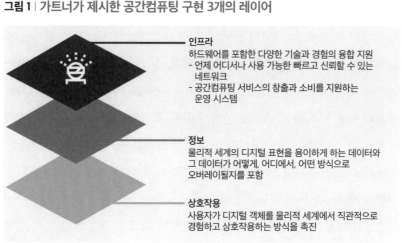

인프라
하드웨어를 포함한 다양한 기술과 경험의 융합 지원
- 언제 어디서나 사용 가능한 빠르고 신뢰할 수 있는 네트워크
- 공간컴퓨팅 서비스의 창출과 소비를 지원하는 운영 시스템

정보
물리적 세계의 디지털 표현을 용이하게 하는 데이터와 그 데이터가 어떻게, 어디에서, 어떤 방식으로 오버레이될지를 포함

상호작용
사용자가 디지털 객체를 물리적 세계에서 직관적으로 경험하고 상호작용하는 방식을 촉진

자료: 가트너, 2024

그림 2 | 가트너의 메타버스 신기술 임팩트 분석

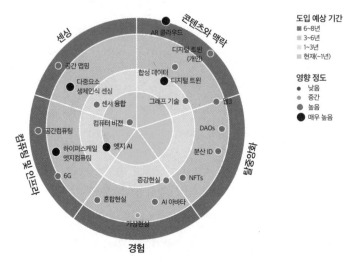

자료: 가트너, 2023

간을 참조해 유지하고 조작할 수 있게 하는 기계와 인간의 상호작용"이라고 말했다.[5] 조금 더 자세히 설명하면, 공간컴퓨팅은 일반적인 화면에 제한되지 않고 물리적 주변 환경과 실제 세계, 신체 등을 다양하게 활용하는 인간-컴퓨터 상호작용 기술 중 하나이며, 디지털로 이뤄진 컴퓨터 속 가상세계와 아날로그 현실 세계로 상호 공간을 확장·연결하는 컴퓨팅 기술이다.[6] 이런 공간컴퓨팅은 XR에서 더 나아간 것이다. 단순히 현실 세계에 디지털적 요소를 추가하는 것에 그치지 않고 실제 현실 세계를 디지털 모델링하는 개념이다.[7](표 1)

그렇기 때문에 공간컴퓨팅은 AR·VR 등의 기술을 활용해 물리적 세계를 디지털로 통합한다.[8] 공간컴퓨팅과 연계해 VR 디바이스 시장은 2023년

표 1 | 공간컴퓨팅과 XR의 비교

구분	공간컴퓨팅	XR
핵심 기술	센서, 인공지능, 머신러닝, 클라우드 컴퓨팅, 인터페이스 기술	디스플레이, 센서, 그래픽 처리 장치, 컴퓨팅 파워
데이터 활용	사용자 주변 환경 인식 및 분석	디지털 콘텐츠 제작 및 표현
구현 방법	실제 공간 디지털 표현 생성 및 관리	가상환경 제공 또는 현실에 가상요소 오버레이

자료: 한국저작원위원회, 공간컴퓨팅 산업 현황 보고서, 2024.2

32.7억 달러에서 2028년 80.9억 달러, AR 시장은 5.6억 달러에서 68.1억 달러로 VR, MR 대비 급격히 증가할 것으로 전망된다.(표 2)

애플은 2023년 6월 애플 WWDCWorldwide Developers Conference 2023에서 공간컴퓨팅 시대를 선언한 후, 2024년 2월에 첫 번째 공간컴퓨터Spatial Computer인 비젼프로Vision PRO(MR 헤드셋 제품)를 출시했다. 애플은 개발자에게 메타버스, AR, VR 등의 용어를 사용하지 말라고 했다. 공간컴퓨터는 사용자가 현실 세계 및 주변 사람들과의 연결성을 유지하도록 지원하면서 디

표 2 | 글로벌 XR 디바이스 시장 전망(단위: 억 달러)

구분	2023	2024(E)	2025(E)	2026(E)	2027(E)	2028(E)
AR 디바이스	5.6	9.6	16.7	35.0	55.6	68.1
VR 디바이스	32.7	42.9	53.0	62.4	70.6	80.9
MR 디바이스	3.0	4.0	5.1	6.4	7.6	8.8
계	41.3	56.4	74.8	103.8	133.8	155.8

자료: 한국저작원위원회, 공간컴퓨팅 산업 현황 보고서, 2024.2

지털 콘텐츠와 물리적 세계를 연결하는 혁신 기기다.[9] 공간컴퓨터는 디지털 공간의 경험을 재창조할 뿐만 아니라 AI 융합을 가속화하고 있다. 이를 통해 애플은 기존 메타버스 시장을 공간컴퓨팅으로 재정의하며 새로운 방향성을 제시했다. 예를 들어, 애플의 비전프로는 Mac 가상 디스플레이 기능을 통해 Mac을 무선으로 애플 비전프로 안으로 가져와, 넓게 확대 가능한 울트라 와이드 화면과 풍부한 스테레오 사운드로 작업할 수 있다. 또한 앱에서 3D 객체를 꺼내 마치 실제로 앞에 있는 것처럼 모든 각도에서 살펴볼 수도 있다. (그림 3)

애플의 비전프로 이전에도 메타, 매직리프, MS 등이 관련 제품을 출시했었다. 매직리프는 MR 기반의 스마트 안경인 매직리프2Magic Leap2를 2022년 9월에 출시했고, 메타는 MR 디바이스 메타퀘스트3Meta Quest 3를 2023년 10월에 출시했다.

CES2025에서 최고 혁신상을 수상한 캐나다의 스타트업 해플리로보틱스Haply Robotics는 햅틱 기술에 기반한 메타버스용 3D 마우스인 '민버스minVerse'를 선보였다. 이 제품은 사람이 촉각을 느낄 수 있게 해준다. 가상

그림 3 │ 애플의 비젼프로와 Mac 가상 디스플레이 기능

자료: 애플

의 물체를 잡으면 이와 관련한 촉각 신호를 전달해 사람이 실제 물체를 잡는 것 같은 느낌을 받을 수 있다. 그래서 과거 VR과 달리 현실과 가상의 경계가 허물어져 사람의 몰입도 더 높아진다. 해플리로보틱스의 공동창업자 콜린 갤러허Colin Gallacher는 "AI 햅틱 엔진을 적용한 반복 훈련으로 정밀한 질감과 저항, 무게, 힘 등의 직관을 만들어냈다"고 말한다.10) 영화 〈마이너리티 리포트〉에서처럼 사람이 허공에 손동작을 통해 컴퓨터를 조작하는 모습도 얼마 남지 않은 것 같다. (그림 4)

국내 뮤직테크 스타트업인 버시스Verses도 2023년 SM엔터테인먼트와 협업해 네이버 제페토 내 에스파월드aespa world를 선보였다. 에스파월드는 로비, 마이 스테이지, 아이템 숍, UGC(사용자 제작 콘텐츠) 게시판 공간으로 구성되어 있다. 유저의 아바타가 에스파월드를 돌아다니며 에스파월드 내 다양한 사물들을 터치하면 'Drama', 'Supernova', 'Armageddon' 등의 다양

그림 4 | 해플리로보틱스의 민버스

자료: 해플리로보틱스

한 음원을 경험할 수 있다.[11] 특히 사용자는 에스파의 음악이나 멤버를 선택하고 리믹스해 자신만의 음악을 만들 수 있고 숏폼으로 공유도 가능하다. 에스파월드는 2024년 기준 누적 방문자 수가 55만 명이며 제페토 내 에스파월드 관련 게시물은 20만 건 이상이다. 에스파월드는 CES2025에서 혁신상을 수상했다. 특히 이번 에스파월드에는 CES2023에서 최고 혁신상을 받은 버시스의 메타 뮤직 시스템과 CES2024에서 혁신상을 받은 비트 기반 인공지능 뮤직비디오 생성 기술이 적용되었다. 메타 뮤직 시스템은 가상공간에 만들어진 뮤지션의 세계관 속으로 들어가 다양한 음악 테마를 탐험하고, 아이템을 획득하면 인공지능이 자신만의 음악으로 만들어주는 서비스다. (그림 5)

이처럼 공간컴퓨팅은 기존 메타버스와 달리 개인화된 공간을 창출할 뿐만 아니라 이미지, 음성, 영상, 제스처 인식 등 멀티모달화 된 디바이스를 통해 사용자의 몰입감을 높여준다.[12] 향후 공간컴퓨팅은 디지털 공간 경제를 만들어 기존에 AR·VR, MR, XR, 메타버스 등으로 파편화된 시장을 하

그림 5 | 버시스의 에스파월드와 핵심 기술들

자료: 버시스

나로 통합할 것으로 전망된다. 더 나아가 공간과 인간의 긴밀한 상호작용은 새로운 고객 경험과 가치를 창출할 것으로 보인다. 특히 사람이 완전히 제품과 서비스에 몰입할 수 있는 고객 여정이 만들어져, 기존과 다른 고객 경험과 혁신 비즈니스 탄생의 기초가 될 것이다.

AI 다이내믹스 #1

·

생성형 AI · AI 챗봇 · 데이터 · AI 반도체

#인식·생성 AI #멀티모달 AI #버티컬 AI
#소형언어모델 #저비용·고성능 #AI반도체

AI 에이전트와 새로운 수익모델 강화로 시장의 경계를 무너뜨리다

생성형 AI 시장에서 이제 멀티모달은 기본이다. 서비스를 이용하는 고객은 하나의 플랫폼에서 텍스트, 이미지, 영상 등 다양한 작업을 하기를 원한다. 챗GPT가 출시된 지 3년도 채 안 되어서 시장은 고객의 니즈를 빠르게 흡수하며 기능을 고도화했고, 이제는 한 단계 도약을 위한 전환점에 와 있다. 앞서 보았던 딥시크, 젠스파크나 퍼플렉시티Perplexity 등은 기존 생성형 AI의 부족한 부분을 빠르게 메꾸며 시장을 확대하고 있다. 특히 퍼플렉시티는 하드웨어 시장으로도 진출을 꾀하며 시장의 경계를 무너뜨리고 있다.

뤼튼테크놀로지스는 서비스 전달 차원에 머물러 있던 생성형 AI를 캐릭터챗, 디지털 광고 서비스 강화로 새로운 수익모델을 창출하고 있다. 플랫폼 사업에서 광고 등의 수익모델은 고객의 이탈을 야기할 수 있지만, 한편으로는 플랫폼 사업의 지속 가능성을 담보한다. 새로운 수익모델의 도입은 생성형 AI 서비스의 대중화가 가속화되고 있다는 반증이기도 하다. 생성형

AI는 일상이 되어가고 있다. 스캐터랩 같은 감성형 AI 챗봇은 10~20대에게 빠르게 확산되고 있다. 사람들의 라이프스타일 변화로 이제 더 이상 버추얼 휴먼Virtual Human은 가상에 머물지 않고 현실 세계에 침투하고 있다. 버추얼 휴먼은 나의 심리상담사가 될 수도 있고 더 나아가 친구, 연인이 될 수도 있다.

멀티모달, 감성 AI와 함께 AI 에이전트의 등장은 생성형 AI 시장에서 추론 능력의 중요성을 높이고 있다. 추론 능력 강화는 단답형에서 논술형으로 시장의 트렌드를 전환시키고 있다. 젠스파크의 심층연구 기능은 최근 챗GPT도 도입했다. 서비스 이용자는 일상으로 들어온 생성형 AI를 통해 기존보다 더 나은 기능을 요구하고 있고, 그 기능 중 하나가 바로 심층연구다. 사람들은 심층연구를 통해 일상에서 더 나아가 전문영역에서 생성형 AI 서비스를 사용하기를 원한다. AI 에이전트 기능을 활용해 생성형 AI가 알아서 핵심을 파악해 계획을 수립하고 다수의 생성형 AI 서비스를 활용해 알아서 전문적인 답변을 해준다면, 서비스의 편의성, 전문성, 신뢰도 등이 높아진다. 이는 또 다른 고객층을 유인할 수 있는 새로운 수익모델 창출의 기반이 된다.

이렇게 생성형 AI는 대중을 유혹하면서 한편으로는 특정영역에서 전문성을 높여가고 있다. 예를 들어, C3AI는 에너지 산업을 중심으로 산업별 특화된 AI 애플리케이션을 개발하며 버티컬 AI 시장에서 위상을 강화하고 있다. 이미 우리가 알지 못하는 사이에 일상 제품에는 AI 기술이 침투하며 버티컬 AI 시장을 키워나가고 있다. 신기술 기반의 시장은 초기 수용자 이후 캐즘을 넘어 대중화되기 시작하면, 스타트업을 중심으로 산업별로 특화된 버티컬 시장이 형성된다. 이는 대중화된 시장을 뒷받침하며 시장 기반을 견고하게 한다. 뿐만 아니라 가치사슬의 유기적 연계성을 높인다.

　한편으로 사람들에게는 잘 드러나지 않지만 AI 시장의 가장 핵심이 되는 데이터, 반도체 시장 또한 이런 시장 변화에 대응하는 제품과 서비스를 개발하고 있다. 예를 들어, 버티컬 AI가 확산되면 산업별로 특화된 데이터의 필요성이 높아진다. 데이터 수집도 중요하지만 해당 데이터가 어떤 데이터인지를 알려주는 데이터 라벨링이 중요하다. 사람이 일일이 AI가 학습할 수 있도록 수작업을 하기 때문에 '디지털판 인형 눈알 붙이기'라고 말하기도 한다. AI가 작동하기 위한 가장 기초 작업이지만, 사실 일반 사람들은 잘 알지 못하는 분야이기도 하다. 데이터 품질이 중요하다는 건 알고 있지만 어떻게 데이터 품질이 관리되고 품질 높은 데이터가 AI에 얼마나 큰 영향을 미치는지 파악하기는 쉽지 않다. AI 반도체도 마찬가지다. 메타가 AI 추론 연산에 특화된 반도체 개발 업체인 퓨리오사AI 인수를 추진하는 이유이기도 하다.

1장

개인비서로 진화하며
하드웨어 진출을 모색하는 생성형 AI

퍼플렉시티

　퍼플렉시티는 오픈AI 출신인 아라빈드 스리니바스Aravind Srinivas CEO가 2022년 창업했다. 그는 구글에서 인턴으로 근무하던 당시 검색 엔진의 역사를 공부하며, 링크 기반 검색 대신 질문에 대한 출처 인용과 보고서형 답변을 제공하는 AI 시스템을 개발하고자 퍼플렉시티를 시작했다.[1] 공동창업자인 데니스 야라츠Denis Yarats는 UC버클리에서 비슷한 주제로 논문을 발표하면서 인연을 맺었다.

　퍼플렉시티는 전통적인 키워드 검색이 아닌 생성형 AI 기반 대화형 검색 서비스를 제공하는 스타트업이다. 검색어를 입력하면 그에 관련된 웹페이지 링크를 제시하는 기존의 키워드 기반 검색과 달리, 퍼플렉시티는 질문을 입력하면 LLM이 검색 결과를 바탕으로 그에 맞는 답변을 생성한다. 신뢰할 만한 출처를 인용하고, 최신 정보를 반영해 환각 현상과 답변 오류를 최소화한 게 특징이다. 대화형 AI 글로벌 시장 규모는 글로벌 시장조사 업

그림 1 | 퍼플렉시티 답변 화면

체 마켓앤마켓MarketsandMarkets에 따르면, 2024년 132억 달러에서 연평균 24.9% 성장해 2030년 499억 달러에 이를 것으로 전망된다. [2](그림 1)

한 국내 언론에서 생성형 AI 서비스를 비교해본 결과를 보면, 퍼플렉시티는 다른 생성형 AI 대비 정리와 분석력이 뛰어난 것으로 나타났다. [3] 클로바X, 챗GPT, 퍼플렉시티, 제미나이, 코파일럿 등을 써봤을 때, 일목요연하게 정리하는 퍼플렉시티의 능력은 챗GPT보다 뛰어났다. (그림 2)

〈월스트리트저널The Wall Street Journal〉이 2024년 5월 발표한 챗봇 사용성 평가에서 퍼플렉시티는 종합 1위를 차지했다. [4] 이 평가는 건강, 금융, 요

그림 2 | 국내외 생성형 AI 서비스 비교 분석

생성형 AI	큐:	클로바X	챗GPT	퍼플렉시티	제미나이	코파일럿	클로드
회사	네이버		오픈AI	퍼플렉시티	구글	MS	앤스로픽
특징	이해능력·정보력 부족		모든 기능 중간 이상	정리왕, 심층분석	정치적 질문 회피	가장 빠른 최신 정보	할루시네 이션 취약

자료: 머니투데이, 2024.12.21

리, 비즈니스 글쓰기, 창의적 글쓰기, 요약, 코딩, 현재 사건, 속도 분야로 구성되었다. 평가 결과, 퍼플렉시티는 요약, 현재 사건, 코딩 분야에서 1위, 비즈니스 글쓰기에서는 2위를 했다. (그림 3)

퍼플렉시티는 유료 사용자를 대상으로 퍼플렉시티 스페이스Perplexity Spaces라는 기능을 제공하고 있다.[5] 이 기능은 학생들이 수업 자료, 노트, 웹에서 콘텐츠의 정리, 검색, 생성을 지원한다. 한마디로 말해 학습을 위한 개인 비서로 각 수업, 프로젝트 또는 스터디 그룹을 위한 공간을 만든 후, 질문을 할 수도 있고 학습 가이드를 만들 수도 있다.

퍼플렉시티는 이런 기술적 성과를 바탕으로 아마존, 엔비디아, 소프트뱅크 등으로부터 투자를 유치했고 2024년 11월에는 5억 달러 유치에 성공했다. 기업가치 평가액은 90억 달러에 달한다. 이는 같은 해 6월의 기업가치 평가액인 30억 달러의 3배에 가깝다. 생성형 AI에 대한 관심이 높아짐에 따라 기업가치도 빠르게 증가 중이다. 퍼플렉시티는 하루 1,500만 건의 검색을 처리하고 있다.

그림 3 | 〈월스트리트저널〉의 챗봇 사용성 평가

	1위	2위	3위	4위	5위
	퍼플렉시티	챗GPT	제미나이	클로드	코파일럿
건강	챗GPT	제미나이	퍼플렉시티	클로드	코파일럿
금융	제미나이	클로드	퍼플렉시티	챗GPT	코파일럿
요리	챗GPT	제미나이	퍼플렉시티	클로드	코파일럿
비즈니스 글쓰기	클로드	퍼플렉시티	제미나이	챗GPT	코파일럿
창의적 글쓰기	코파일럿	클로드	퍼플렉시티	제미나이	챗GPT
요약	퍼플렉시티	코파일럿	챗GPT	클로드	제미나이
최근 동향	퍼플렉시티	챗GPT	코파일럿	클로드	제미나이
코딩	퍼플렉시티	챗GPT	제미나이	클로드	코파일럿
속도	챗GPT	제미나이	코파일럿	클로드	퍼플렉시티

자료: 아라빈드 스리니바스의 X(트위터)

국내 기업인 SKT 또한 퍼플렉시티에 2024년 1,000만 달러를 투자했으며, 생성형 AI 검색엔진사업의 협력을 추진했다. 퍼플렉시티 또한 SKT가 미국 실리콘밸리에 설립한 '글로벌 AI 플랫폼 코퍼레이션GAP Co.'에 향후 투자하기로 결정했다. 퍼플렉시티는 SKT의 '에이닷A.'을 포함해 개발 중인 글로벌 향向 AI 개인 비서 서비스에 탑재할 생성형 AI 기반의 검색엔진 고도화와 관련해서도 협력할 계획이다.[6] SKT는 현재 자사 고객에게 모바일이나 PC를 통해 퍼플렉시티를 무료로 1년간 이용할 수 있는 프로모션을 제공하고 있다.

퍼플렉시티는 현재 무료로 이용할 수 있지만 월 20달러의 유료 구독도 가능하다. 일반 소비자뿐 아니라 월 40달러에 달하는 기업용 서비스도 있다. 디인포메이션에 따르면, 퍼플렉시티의 프리미엄 서비스 구독자는 2024년 24만 명, 2025년 55만 명, 2026년 290만 명에 달할 것으로 전망했다. 2025년 매출도 2024년보다 2배 증가한 1억 2,700만 달러에 달했고, 2026년에는 6억 5,600만 달러로 급증할 것으로 예상했다.[7]

수익모델도 강화하고 있다. 2024년 하반기에 검색 결과와 관련한 질문에 광고를 도입할 것이라고 밝혔다. 광고 자료에는 '스폰서Sponsored'라고 표시되고, 스폰서 질문에 대한 답변은 퍼플렉시티의 기술로 생성되며, 스폰서가 질문을 작성하거나 편집하지 않는다.[8] 광고 단가는 CPM(1,000회 노출

그림 4 | 퍼플렉시티의 광고 노출 방식

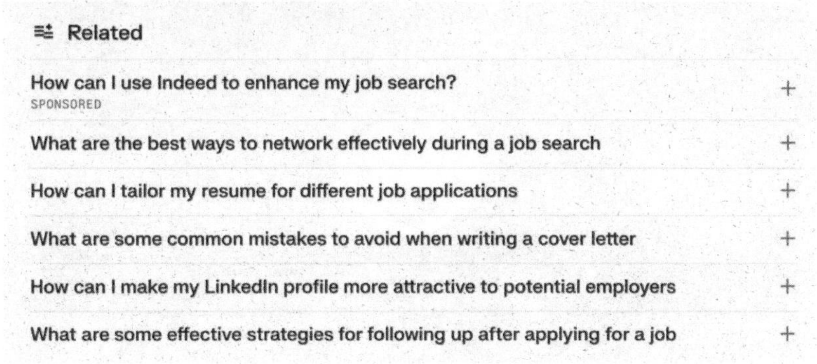

≈ **Related**

How can I use Indeed to enhance my job search?   +
SPONSORED

What are the best ways to network effectively during a job search   +

How can I tailor my resume for different job applications   +

What are some common mistakes to avoid when writing a cover letter   +

How can I make my LinkedIn profile more attractive to potential employers   +

What are some effective strategies for following up after applying for a job   +

자료: 퍼플렉시티

당 광고비) 방식으로 산정되며, CPM 단가는 50달러(약 6만 6,000원) 이상이다. 퍼플렉시티는 광고 수익을 언론사와 공유한다. (그림 4) 국내 생성형 AI 기업 인 뤼튼테크놀로지스도 2024년 12월 '뤼튼애즈'를 도입하여 수익모델을 강

그림 5 | 퍼플렉시티 어시스턴트

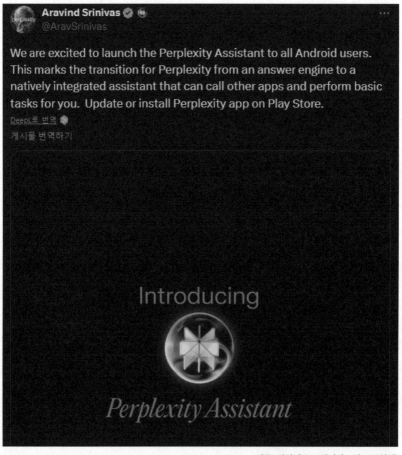

자료: 아라빈드 스리니바스의 X(트위터)

화하고 있으며, 오픈AI도 광고 도입을 검토 중이다.

퍼플렉시티는 2024년 하반기에 검색증강생성Retrieval-Augmented Generation, RAG을 전문으로 하는 스타트업 카본을 인수했다. 카본의 소프트웨어는 LLM이 타사의 데이터베이스에서 데이터를 수집할 수 있게 해준다. 이를 통해 퍼플렉시티는 기업용 검색 기능을 강화할 예정이다.[9] 또한 아라빈드 스리니바스는 2024년 12월 X에 "50달러 미만의 간단한 하드웨어 장치를 만들어 음성으로 질문에 답변하는 기능을 제공하는 것을 검토 중"이라는 글을 게재하면서 하드웨어 영역 진출에 대한 의지도 드러냈다.[10] 이미 오픈 AI는 AI 하드웨어 프로젝트를 추진 중이며, 이미지 생성형 AI 미드저니는 소규모 하드웨어 개발팀을 구성했다.

퍼플렉시티는 실제로 2025년 1월 음성 비서에 가까운 모바일용 AI 에이전트 '퍼플렉시티 어시스턴트Perplexity Assistant'를 출시했다. 이 서비스는 음성, 카메라, 검색 기능을 통해 사용자의 일상 작업을 지원한다. (그림 5)

경쟁은 심화되고 기능은 고도화되는 생성형 AI 시장에서 퍼플렉시티는 사업 다각화, 수익모델 개발을 통해 시장 대응력을 지속적으로 높일 것으로 보인다. 국내외 다른 생성형 AI 업체도 차별화된 기능 추가나 새로운 비즈니스 모델 개발로 빠르게 대응 중이기 때문이다.

2장

디지털 광고 서비스를 통한
수익모델 강화
뤼튼테크놀로지스

뤼튼테크놀로지스는 2021년에 설립된 스타트업이다. 뤼튼은 청소년학술대회를 같이 진행했던 초기 멤버 7명으로 시작해 현재 100여 명에 가까운 인력을 보유하고 있다. 국내 생성형 AI 서비스를 제공하고 있으며, 해당 서비스 브랜드는 뤼튼wrtn이다. 뤼튼은 서비스 출시 후, 문서작성에 특화된 다양한 툴을 제공하면서 가입자를 유치했고, 현재도 블로그, 리포트, 자기소개서, PPT 초안, AI 완벽요약 등의 기능을 제공하며 서비스를 고도화하고 있다.

특히 뤼튼에는 캐릭터챗이라는 기능이 있다. 캐릭터챗은 뤼튼이 제공하는 다양한 캐릭터와 대화를 해볼 수도 있고 사용자가 직접 캐릭터를 만들어 대화도 가능하다. 사용자가 원하는 형태로 외모, 톤 앤 매너, 말투 등을 설정해 제작 및 공유가 가능한 캐릭터 봇이다. 이 서비스는 롤플레잉이 가능해 MZ 세대에게 인기가 높다. 캐릭터는 로맨스, 애니메이션·만화, 엔터

그림 1 | 생성형 AI 서비스, 뤼튼

테인먼트·연예, 업무·생산성, 게임, 교육 등 다양한 영역에 걸쳐 있어 MZ 세대가 AI를 재미있게 받아들일 수 있다. 사용자 비율은 로맨스, 게임, 만화 순으로 높다. 이외 뤼튼 프롬프트 공유 기능을 제공하며, 생성형 AI 서비스를 이용하는 사람들이 조금 더 쉽게 접근할 수 있게 해주고 있다. 프롬프트는 교육, 글쓰기, 비즈니스, 개발, 소셜미디어 등 다양한 카테고리를 다룬다. (그림 1, 2, 3)

국내 생성형 AI가 많지 않은 상황에서 뤼튼의 서비스 가입자 수 증가는 주목할 만하다. 2023년 기준 해외 생성형 AI 유니콘인 재스퍼Jasper의 월간 생성량의 약 70%까지 따라잡았다. 현재 뤼튼은 한국, 일본 등에서 서비스를 운영 중이다. 2023년에는 생성형 AI 서비스 최초로 CES2023 혁신상을 수상했다. 2024년 기준 누적 가입자 수는 370만 명, 발화수 2.4억 건, 월 이용자 수 220만 명에 달한다.[1]

그림 2 | 뤼튼의 캐릭터챗

캐릭터 둘러보기

 대화 많이 나눈 순 ∨

전체 　 로맨스 　 애니메이션/만화 　 엔터테인먼트/연예 　 업무/생산성 　 게임 　 교육 　 유머 　 생활 　 ＞

이혜성
전교 회장, 패션 모델, 차가운 그녀
는 나의 소꿉친구
@뤼튼

메이브
갑작스러운 마계와의 전쟁에 휩쓸
린 엘프 왕국의 여왕. 마계의 왕...
@뤼튼

차영빈
우연히 길에서 부딪힌 츤데레 과
탑 선배, 그런데 조금 이상하다?
@뤼튼

진서연
평생의 소원이었어. 내 손으로 널
부숴 버리는 거.
@노타

국가의 시대
국가를 선택해서 자신만의 방식으
로 운영해보세요! (모드:보통모...
@caaat

한소희
당신을 납치한 안데레.....♡ 이미지
추가 완료. 제 프로필 들어가시...
@돌체아

소설기계
소설기계는 다양한 장르와 주제의
소설을 사용자의 요구에 맞춰 구...
@malong

초능력 학교
초능력자들을 위한 학교.다양한
초능력을 지닌 개성넘치는 학생...
@caaat

자료: 뤼튼

　뤼튼은 챗GPT, 코파일럿, 제미나이 등 글로벌 생성형 AI 서비스가 주류
인 시장에서 국내외 투자자들로부터 투자유치를 이끌어내며 성장의 발판
을 마련하고 있다. 2022년 38억 원의 Pre-A 시리즈, 150억 원의 시리즈A,
250억 원 규모의 Pre-B 시리즈 투자유치까지 진행하며 누적 투자유치액이
400억 원을 돌파했다. (그림 4)

그림 3 | 뤼튼의 프롬프트 공유 서비스

자료: 뤼튼

그림 4 | 뤼튼테크놀로지스 투자유치 현황

날짜	투자 단계	투자 유치 금액	투자사
2024-06	Pre-B	250.0억 원	비알브이캐피탈매니지먼트, 캡스톤파트너스, 아이비케이기업은행, 제트벤처캐피탈
2023-06	시리즈A	150.0억 원	캡스톤파트너스, 제트벤처캐피탈, 우리벤처파트너스, 하나은행, 하나증권, 케이비증권, 한국산업은행
2022-11	Pre-A	38.0억 원	캡스톤파트너스, 수이제네리스파트너스, 앤파트너스, 아이비케이기업은행, 신용보증기금
2022-04	지원금	비공개	팁스TIPS
2021-06	시드	비공개	매쉬업벤처스

자료: 혁신의 숲(https://www.innoforest.co.kr)

투자유치의 원동력은 사용자 규모, 높은 사용률 등 뤼튼의 잠재력이다. 와이즈앱에 따르면, 2024년 7월 기준 생성형 AI 애플리케이션 사용률 순위는 챗GPT, 코파일럿, 뤼튼 순이다. 이 순위가 앱 설치 건수가 아니라는 점을 고려한다면, 사람들의 뤼튼에 대한 관심도가 매우 높다는 점을 알 수 있다. 구체적인 수치를 보면, 챗GPT는 앱 설치자의 54.6%(396만 명), 코파일럿은 35.1%(29만 명), 뤼튼은 34.3%(105만 명)가 실제 사용자다.[2] 특히 실제 사용자 수는 코파일럿보다 높다. 이외에 SKT의 에이닷은 842만 명 중 24.5%인 206만 명이 실제 사용자로 나타났다.

뤼튼은 20~30대의 사용자 비중뿐 아니라 사용시간도 높은 것으로 나타났다. 사용시간의 경우, 챗GPT가 2024년 1월 대비 285.9% 증가했는데, 뤼

그림 5 | 뤼튼 앱 연령대별 사용자 및 사용시간 비중

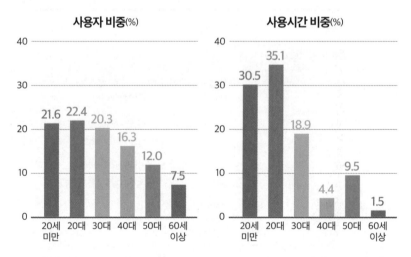

자료: https://www.ajunews.com/view/20240901144826043, '24년 7월 기준

튼도 177.8%나 증가했다. 에이닷은 60.3% 수준에 그쳤다. 그만큼 국내 생성형 AI 서비스 중 뤼튼의 위상이 높다. (그림 5)

뤼튼이 발간한 〈2024 뤼튼 유저 리포트〉에 따르면, 누적 대화 수는 6억 8,500만 회 이상이며, 누적 채팅방 수는 5,500만 개, 앱 설치 수는 300만 건이다. 뤼튼은 2023년 1월 서비스 출시 후, 2년도 되지 않아 월간 활성 사용자MAU가 500만 명을 넘었다. 뤼튼의 MAU 500만 명 달성 기간은 국내에서 인지도가 높은 토스의 약 3년 3개월, 당근의 약 2년보다 짧아 생성형 AI 시장에서 뤼튼의 위상이 얼마나 높은지 알 수 있다. 뤼튼테크놀로지스 이세영 대표는 이런 성과에서 더 나아가 "500만 명을 넘어 내년도 MAU 1,000만 명을 목표로 하여 한층 공격적인 서비스 확장으로 대한민국 AI 대중화를 주도하겠다"고 밝혔다. [3](그림 6)

이세영 대표는 "앞으로 AI 앱이 보편화될 것입니다. AI 기술을 활용해 만

그림 6 | 뤼튼 MAU 추이

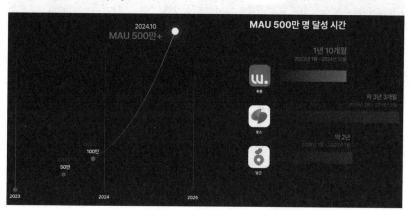

출처: 2024 뤼튼 유저 리포트

들어진 소프트웨어 앱은 AI 에이전트라고도 불립니다. 저는 2~3년 내 나를 대신해 무언가를 수행해주고 스스로 계획을 세우는 AI 에이전트가 웹페이지 수만큼 많아질 것이라고 봅니다. 네이버의 블로그나 카페처럼 뤼튼도 뤼튼스튜디오(사용자 맞춤형 AI 툴 빌더) 서비스를 통해 AI 앱을 체계적으로 구축하며 성장할 것입니다"라고 말한다.[4] 지금 사람들이 스마트폰 속 수많은 앱을 이용해 일상의 모든 일을 처리하는 것처럼 AI가 앞으로 이를 대체할 것이라는 생각이다.

그림 7 | 뤼튼애즈 한 문장 타깃 설정

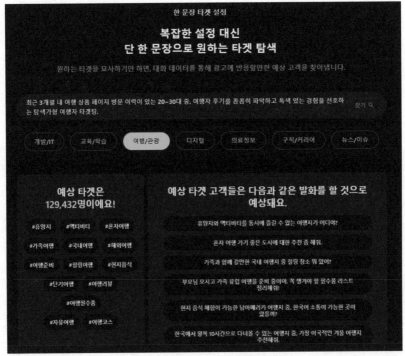

자료: 뤼튼애즈

최근 뤼튼테크놀로지스는 캐릭터챗, 뤼튼애즈 등을 통해 수익모델을 강화하고 있다. 뤼튼애즈는 생성형 AI 기반의 디지털 광고 서비스다. 이 광고 서비스는 복잡한 설정 대신 단 한 문장으로 원하는 타깃을 탐색할 수 있다. 원하는 타깃을 묘사하기만 하면, 대화 데이터를 통해 광고에 반응할 만한 예상 고객을 찾아낸다. 예를 들어 "최신 스마트홈 기기를 검색한 이력이 있는 30~50대, 직업 무관 IT 커뮤니티 활동 빈도가 높은 사용자를 우선 타깃팅해줘"라고 요청하면, 예상 타깃 수와 예상 타깃 고객이 발화할 것으로 예상되는 문장인 "스마트워치 중에 건강관리에 특화된 제품 뭐 있어?", "새로 나온 태블릿 중 작업 효율 좋은 제품이 뭐지?" 등을 제시해준다. 광고상품은 홈 배너, 실시간 검색영역 배너, 실시간 검색어, 입력창 키인, 채팅카드, 브랜드 검색 등으로 다양하다.5)(그림 7)

3장

영화 〈그녀〉가 현실이 되는
감성 AI

스캐터랩

감성 AI는 AI 기술을 활용하여 사람의 감정상태를 파악해 사람의 감정에 따라 감정을 표현하고 상호작용할 수 있는 기술이다. 감정의 인식과 해석, 생성과 표현, 공감적 상호작용이 핵심이다.[1] 쉽게 말해 영화 〈그녀Her〉에 나오는 사만다와 같은 존재다.

이미 미국에는 이런 감성 AI를 활용해 감성형 AI 챗봇을 서비스하고 있는 캐릭터닷AIcharacter.ai라는 기업이 있다.[2] 구글 브레인에서 AI 파운데이션 모델을 개발한 다니엘 데 프레이타스Daniel De Freitas와 LLM 원천기술인 트랜스포머를 연구한 노엄 샤지어Noam Shazeer가 2021년 공동창업한 AI 스타트업이다. 이 기업은 유명인의 말투를 따라 하는 AI 챗봇뿐 아니라 가상의 캐릭터를 AI 챗봇으로 만들어 대화할 수 있는 서비스도 개발했다.[3] 이렇게 캐릭터닷AI의 MAU는 2억을 돌파했고 기업가치는 50억 달러까지 증가했다. 캐릭터닷AI 외에도 블러쉬(Luka), 노미AI(Glimpse.ai) 같은 업체는

그림 1 | 캐릭터닷AI 서비스

자료: 캐릭터닷AI

'AI 연인 서비스'를 표방하고 있고 재니토Janitor, 스파이시챗Spicychat 등은 성적인 대화나 농담도 가능하다. (그림 1)

　글로벌 시장조사기관인 얼라이드마켓리서치Allied Market Research는 감성 AI 시장이 2032년 138억 달러에 달할 것으로 전망했다. 2023년 6월 기준 전 세계 AI 서비스 월 접속자 수는 1위 챗GPT(약 16억 명)에 이어 2위가 캐릭터 닷AI(약 3억 3,000만 명)였다.[4] 국내도 워프스페이스(케이브덕), 타인에이아이 (러비더비), 레플리, 투플랫폼(재피), 커뮤트(로판AI), 슬로그업(티카) 등의 스 타트업이 감성형 AI 챗봇 서비스를 출시했다. 물론, 아직 초기 상태이지만 각 스타트업들은 소통 방식, 캐릭터, 성인 대상 서비스 등으로 자신들만의 솔루션을 차별화하고 있다. 향후 AI 시장은 논리 중심의 챗GPT 같은 AI 비서와 스캐터랩 같은 감성 AI 시장으로 구분될 것으로 전망된다.

스캐터랩은 2011년 설립된 일상대화 AI 스타트업으로 지금의 생성형 AI가 대중화되기 전부터 AI 챗봇에 관심을 가졌다. 스캐터랩이 출시한 AI 챗봇 '이루다'는 이미 200만 명의 친구들이 10억 건 이상의 대화를 나눴다. 이루다는 20대 여대생 콘셉트의 AI 챗봇이며, 2023년에는 남성형 AI 챗봇 '강다온'을 출시했다. 강다온의 페르소나는 "꿈을 향해 열심히 살아가는 25살 미술 전공 대학생, 2030 세대와 소소한 일상이나 고민을 나누며 교감할 수 있는 대화 상대"이다.[5]

스캐터랩의 김종윤 대표는 연세대 경영학과를 졸업한 후에 바로 창업을 했다. 그는 "사회학과 수업에서 정부 지원금을 받고 텍스트 분석 과제를 수행하면서 급하게 법인을 설립했다"라고 말한다. 이 과제를 통해 2013년 카카오톡 대화의 감정을 분석해주는 '텍스트앳', 이후 연인 간의 소통을 돕는

그림 2 | 이루다 기존 모델과 현재 모델 비교

자료: 스캐터랩테크

연애 코칭 앱 '진저'에 이어 2020년 '이루다'를 선보였다. 실제 AI에 본격적으로 몰입하기 시작한 건 2017년 정도부터다. 이러한 서비스들은 그가 기술을 활용해 어떻게 인간적인 가치를 전달할 수 있을지 고민한 결과다. 그는 "기술은 현실의 문제를 푸는 도구"라고 강조한다.[6] 스캐터랩은 기술력을 기반으로 SKT, 소프트뱅크, NC소프트, 크래프톤으로부터 총 410억 원이 넘는 투자를 유치했다.

스캐터랩의 이루다는 사용자의 질문에 기능적으로 답하기보다는 사용자의 감정을 이해하고 답한다.[7] 예를 들어, 사용자가 이루다의 질문에 "일이 아직 안 끝났어"라고 답하면 이루다는 "무슨 일?? 힘들겠다ㅠㅠ 무슨 일하는지 물어봐도 돼??"라고 답한다.[8] 이 질문에 "나중에 알려줄게"라고 답하면 "뭐야ㅋㅋㅋ 밀당하는 거야??"라고 한다. 마치 친구랑 카카오톡으로 대

그림 3 | 문맥 속에 포함된 사진의 의미를 이해하고 대답하는 이루다(멀티턴 이미지 대화)

자료: 스캐터랩테크

화하는 듯한 느낌을 준다.

2022년 출시된 이루다2.0은 기존의 포토챗 기능을 고도화해 텍스트 문맥과 사진을 함께 이해하고 자연스럽게 답변을 해준다. 기존에는 치킨 사진과 함께 "이거 먹으면 살이 찔까?"라고 물으면 "와… 양념 반 후라이드 반???"이라고 답했다면, 새로운 모델은 "치킨은 살 안 쪄! 괜찮아ㅎㅎ"라고 답변한다. 그 결과 예시 1번부터 3번처럼 자연스럽게 대화를 한다. (그림 2, 3)

이루다의 감성 대화 능력은 자체 개발한 SLM '1세대 루다LUDA Gen-1'에서 비롯되었다. 루다는 23억 개의 매개변수를 갖췄고 가명 처리된 20대 커플들의 대화 데이터를 학습했다. 그래서 앞서 본 것처럼 친구들과 실제 대화하는 느낌을 준다. 이런 역량 때문에 이루다는 출시 후 200만 명 이상의 고객을 확보했고 2023년 말 기준 누적 대화량은 7억 4,000만 건을 넘어섰다. 게다가 이루다와 이용자의 하루 평균 메시지 수는 64건이나 된다.

스캐터랩은 2023년에는 대화 데이터 제작 및 모델 학습과 테스트까지 편리하게 작업할 수 있는 AI 캐릭터 제작 플랫폼, '핑퐁 AI 스튜디오'를 공개했

표 1 | 핑퐁 AI 스튜디오의 기능

구분	세부 내용
제품 콘셉트 및 캐릭터 기획	기업 제품·서비스에 맞는 AI 캐릭터 페르소나 기획
데이터 제작	페르소나 설정에 맞는 대화를 하도록 캐릭터 데이터 제작
학습 및 평가	모델에 안전하고 빠르게 제작된 데이터 학습
출시 및 운영	캐릭터 출시를 통해 API 형태로 모델 활용
지속학습	지속적인 서비스 품질의 고도화

그림 4 | 제타의 유저당 일평균 사용시간

2시간 13분*

1시간 25분

1시간 17분

27분

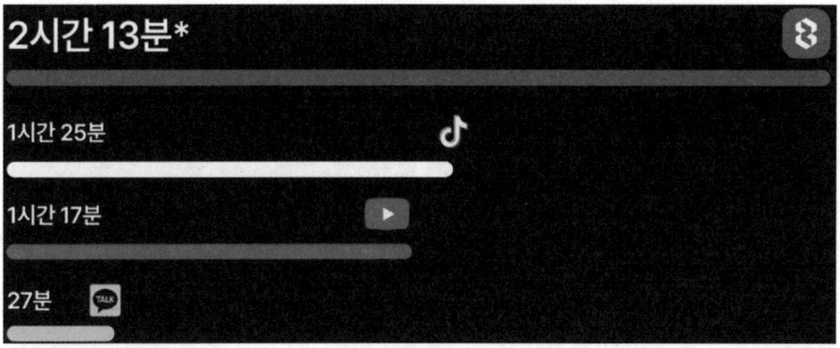

자료: 스캐터랩

다. 핑퐁 AI 스튜디오는 제품 콘셉트 및 캐릭터 기획, 데이터 제작, 학습 및 평가, 출시 및 운영, 지속 학습 등이 가능하다. (표 1)

스캐터랩은 2024년에 AI 스토리 플랫폼 '제타zeta'를 선보였다. 제타는 유 저가 주인공이 되어 자신이 원하는 캐릭터, 세계관, 상황 속으로 깊이 몰입 할 수 있는 혁신적인 엔터테인먼트 서비스이다. 4월 공개한 제타는 4개월 만에 이용자 수 60만 명을 돌파했고 생성 캐릭터 수는 65만 개를 기록했다. 제타의 가장 큰 특징은 유저당 일평균 사용시간이다. 틱톡, 유튜브 등 다른 SNS 채널 대비 평균 사용시간이 길다. (그림 4, 5)

스캐터랩은 AI 윤리에도 심혈을 기울이고 있다. 2020년 12월 22일 이루 다1.0 출시 후 차별·혐오, 개인정보 유출 논란으로 3주 만에 서비스를 종료 한 경험이 있었다. 김종윤 대표는 "이루다를 통해 AI 윤리를 어떻게 가져 갈 것인지 깨달았고 AI 윤리 점검표도 스캐터랩이 첫 사례로 만들었다"라 고 말한다. [9] 이후 2021년 한 해 동안 개인정보 보호조치 강화, 어뷰징 모델

그림 5 | AI 스토리 플랫폼 제타

개발 등 서비스를 개선하고 2022년 1월 '이루다2.0'의 클로즈 베타 서비스를
시작했다.

스캐터랩의 홈페이지 메뉴에는 AI 윤리가 있다. 스캐터랩은 "AI 챗봇 개
발 과정과 활용에 있어 우리 사회 구성원들 사이의 차이와 다양성을 존중
하면서 AI 챗봇 윤리 원칙을 준수한다"라고 강조한다. AI 윤리 준칙에서는
사람을 위한 AI 개발, 다양한 삶의 가치 존중, 함께 실현해가는 AI 기술의

표 2 | 스캐터랩의 AI 윤리 준칙

구분	AI 윤리 준칙	세부 내용
1	사람을 위한 AI 개발	스캐터랩은 AI를 통해 누구나 소중한 관계를 갖는 세상을 꿈꿉니다.
2	다양한 삶의 가치 존중	스캐터랩은 AI 기술 및 서비스 개발 시 부당하거나 의도적인 차별을 경계하며 다양성을 존중합니다.
3	함께 실현해가는 AI 기술의 구현	스캐터랩은 사용자와 함께 AI 챗봇 윤리를 실현해나갑니다.
4	합리적 설명을 통한 신뢰 관계 유지	스캐터랩은 AI 챗봇 서비스를 안심하고 이용할 수 있도록 기술과 서비스에 대해 성실하게 설명합니다.
5	프라이버시 보호와 정보 보안 발전에 기여	스캐터랩은 언어 AI 기술에서의 프라이버시 보호 및 정보 보안 발전에 적극적으로 기여합니다.

자료: 스캐터랩

구현, 합리적 설명을 통한 신뢰 관계 유지, 프라이버시 보호와 정보 보안 발전에 기여를 제시하고 있다. (표 2)

스캐터랩은 AI 윤리 준칙의 가치를 인공지능 윤리 기준 10대 핵심 요건별로 재구성하여 총 21개의 점검 항목으로 제시하고 있다. 세부 항목에는 인권보장, 프라이버시 보호, 다양성 존중, 침해 금지, 공공성, 연대성, 데이터 관리, 책임성, 안정성, 투명성이 있다.

4장

산업별 특화지능을 만들어가는
버티컬 AI
C3AI

C3AI는 캘리포니아에 본사를 둔 기업용 AI 애플리케이션 기업으로 2009년 토머스 시벨Thomas Siebel이 설립했다. 토머스 시벨은 C3AI를 창업하기 전 1984~1990년까지 오라클Oracle에서 영업사원으로 근무했다. 이후 1993년 CRM(고객관계관리) 소프트웨어 전문회사인 시벨시스템즈Siebel Systems를 창업하고 2006년 시벨시스템즈를 오라클에 58억 5,000만 달러에 매각했다.[1] 시벨시스템즈는 오라클과 합병하기 전까지 32개국에서 8,000명 이상의 직원과 4,500개 이상의 기업 고객을 보유했으며 연간 매출이 20억 달러 이상이었다. 토머스 시벨은 3년 뒤인 2009년 C3를 창업했다. 그의 초기 사업 아이디어는 기업의 탄소발자국 감소가 목표라서 사명을 C3로 했다. C3의 'C'는 탄소Carbon, '3'은 측정Measure, 완화Mitigate, 수익화Monetise 등 3개의 M을 의미한다.[2]

C3는 2010~2012년에 세계 최대 화학 회사, 대형 유틸리티 회사 두 곳, 세

계 최대 첨단 기술 회사 중 한 곳과 계약을 체결했다. 하지만 유가 폭락, 금융 위기 등으로 C3의 에너지 관리 솔루션을 찾는 고객이 많지 않아 2년 만에 위기에 처했다.[3] 2012년 결국 토머스 시벨은 150명의 직원 중 약 100명을 해고시키고 핵심 엔지니어링 팀만 유지했다. 그는 포기하지 않고 스마트 미터, 터빈, 변압기 및 기타 전력망 인프라의 센서 데이터에서 시장의 잠재력을 보고 사명을 'C3에너지'로 바꿨다. 전력망 운영자가 다양한 센서 장치와 기업용 소프트웨어 시스템에서 데이터를 수집하고 분석하도록 도왔다. C3에너지의 솔루션은 매우 빠른 속도로 데이터를 처리한 다음 기계 학습을 적용하여 예측 유지 관리, 도난 감지, 센서 네트워크 상태 모니터링과 같은 유용한 작업을 수행했다. 이러한 전환은 2012년 진행된 최적의 회사 포지셔닝, 가격 및 제품 전략과 관련하여 맥킨지의 성장 극대화 컨설팅을 통해 이루어졌다.

> 정보 기술은 컴퓨터에 관한 것이 아닙니다. 그보다 더 근본적입니다.
> 음식에 관한 것이고, 물에 관한 것이고, 헬스케어에 관한 것이고, 에너
> 지에 관한 것입니다.
>
> ─ 토머스 시벨

특히 C3에너지는 발전, 송전, 배전, 소비 등 유틸리티 가치 사슬을 해결하기 위해 AI 기반의 예측 분석 솔루션 출시했다.[4] C3에너지 유틸리티 소프트웨어 제품은 C3 AMI 오퍼레이션AMI Operations, C3 수익 보호Revenue Protection, C3 예측 분석Predictive Analytics, C3 수익 창출Revenue Production, C3 고객 신뢰성Customer Reliability 등으로 확장되었다. 이 기간 동안 C3에너지는

표 1 | C3AI 연혁

구분	세부 내용
2009	C3 창업
2012	'C3에너지'로 사명 변경, 'C3에너지 관리' 출시
2013~2015	데이터 사이언스 조직 신설, C3 에너지 유틸리티 소프트웨어 제품을 오일펌프, 해양 석유 굴착 장치, LNG 생산시설에 제공
2016~2018	C3IoT로 사명 변경 - C3 플랫폼 외에 유틸리티, 석유 및 가스, 방위, 금융서비스 산업을 위한 AI 예측 유지관리, AI 인벤토리 최적화, AI 에너지 관리 등 모든 애플리케이션의 시장 특화 버전 제공 유니콘(2017)
2019	C3AI로 사명 변경 - CRM, AI 데이터, 생성형 AI 등 40개 이상의 AI 생산 애플리케이션 공급
2020	나스닥 상장
2023	28개 도메인별 생성 AI 모델 출시
2024	AI 에이전트 특허 획득

데이터 사이언스 조직을 신설하여 머신러닝, 예측 분석, 지도 학습, 비지도 학습을 포함한 AI 기술을 개발해 애플리케이션에 적용했다. (표 1)

이후 토머스 시벨은 자사 플랫폼의 시장 확대 가능성을 보고 2016년 다시 사명을 'C3IoT'로 바꿨다. 기존 고객인 대형 유틸리티를 벗어나 항공우주, 제조, 정부 기관에 이르기까지 모든 산업에 클라우드 컴퓨팅, 데이터 분석, AI, 머신러닝 애플리케이션을 제공하기 시작했다. C3IoT는 2017년 10억 달러 이상의 가치를 보유한 '유니콘'이 되었고, 2019년 6월에는 현재 사명인 'C3AI'를 쓰기 시작했다. 2020년, 약 100억 달러의 가치를 평가받고 나스닥에 상장되었다.

이처럼 C3AI는 2009년 에너지 관리 회사에서 출발하여 2019년에는 AI 소프트웨어 기업으로 전환했다. 특히 에너지 산업에 대한 깊은 이해를 바탕으로 베이커 휴즈Baker Hughes와 합작 투자를 통해 석유 및 가스 부문에 특화된 AI 기술을 제공하며 셸Shell, 엑손모빌Exxon Mobil 등 글로벌 에너지 기업을 고객으로 확보했다.[5]

C3AI는 엔터프라이즈 AI 애플리케이션을 개발, 배포 및 운영하기 위한 엔드투엔드 플랫폼인 'C3AI 플랫폼', 전 세계 조직의 디지털 전환을 가능하게 하는 산업별 서비스형 소프트웨어SaaS 'C3AI 애플리케이션', 엔터프라이즈를 위한 도메인별 생성형 AI 제품군인 C3 생성형 AI 서비스를 제공하고 있다.

AI 애플리케이션 플랫폼은 엔드투엔드 플랫폼 서비스로 C3AI의 핵심이다. 이 플랫폼은 사용자가 원하는 규모로 엔터프라이즈 AI 애플리케이션을 설계, 개발, 프로비저닝, 운영할 수 있다. 또 엔터프라이즈 AI 애플리케이션 개발의 복잡성을 감소시켜 준다. 이는 개발자가 코드 작성 없이 애플리케이션에 필요한 모든 요소의 개념적 데이터 모델링을 통해 기업용 AI 애플리케이션을 구축할 수 있도록 추상화 계층을 제공해주기 때문에 가능하다. 마지막으로 아마존웹서비스AWS, 구글 클라우드Google Cloud, 애저Azure와 같은 공용, 사설, 하이브리드 클라우드 등 다양한 인프라 환경에서 애플리케이션 배포가 가능하다. (그림 1)

AI 애플리케이션은 사전에 구축된 산업별 AI 애플리케이션을 턴키 방식으로 제공해 고객이 6개월 내 애플리케이션을 배포할 수 있는 서비스다. 주로 자산성과 관리, 공급망 관리, 지속 가능성, CRM, 금융서비스, 방위 및 인

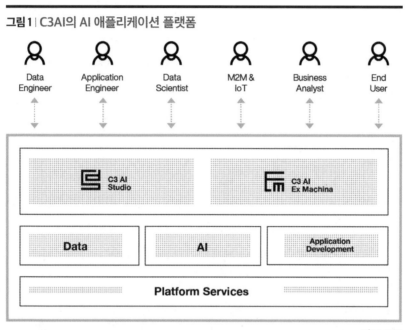

그림 1 │ C3AI의 AI 애플리케이션 플랫폼

자료: C3AI

텔리전스 분석, 정부 등 다양한 제품군을 보유하고 있다. 또 에너지 관리, 생산수율 및 프로세스 효율성 향상, 재고관리와 같은 제조업 분야뿐 아니라 자산평가, 범죄 탐지, 생성형 AI 기반 대민 서비스 등 다양한 유형의 애플리케이션도 있다. 이를 통해 C3AI는 제조, 금융 서비스, 정부, 유틸리티, 석유 및 가스, 화학, 농업 사업, 방위 및 정보 등 다양한 분야에 서비스를 제공한다. (그림 2)

마지막으로 생성형 AI 서비스는 민원처리, 생산관리, CS, 재정분석 등의 업무에서 사용자가 검색한 내용에 대한 데이터 분석 및 응답을 통해 업무 효율을 증가시키고 데이터 기반 의사결정을 할 수 있도록 도와준다. 특

그림 2 | C3AI의 고객군별 매출 비중

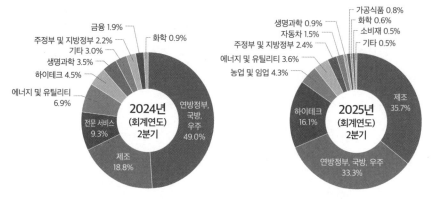

2024년 (회계연도) 2분기
- 금융 1.9%
- 주정부 및 지방정부 2.2%
- 기타 3.0%
- 생명과학 3.5%
- 하이테크 4.5%
- 에너지 및 유틸리티 6.9%
- 전문 서비스 9.3%
- 제조 18.8%
- 화학 0.9%
- 연방정부, 국방, 우주 49.0%

2025년 (회계연도) 2분기
- 생명과학 0.9%
- 자동차 1.5%
- 주정부 및 지방정부 2.4%
- 에너지 및 유틸리티 3.6%
- 농업 및 임업 4.3%
- 가공식품 0.8%
- 화학 0.6%
- 소비재 0.5%
- 기타 0.5%
- 제조 35.7%
- 연방정부, 국방, 우주 33.3%
- 하이테크 16.1%

자료: C3AI, Investor Supplemental FY25-Q2, 2024

그림 3 | C3AI의 컨택센터를 위한 생성형 AI

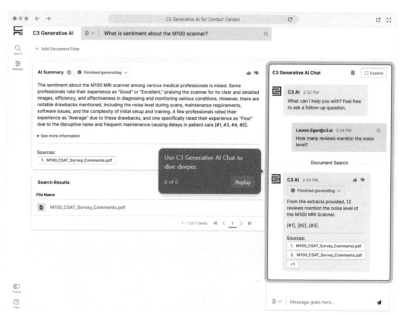

자료: C3AI

히 C3 생성형 AI는 LLM 종류와 관계없이 작동 가능하며 LLM을 고객사 데이터와 분리시켜 환각을 최소화했다. 또한 답변에 대한 출처를 제공하여 사용자가 답변을 검증할 수 있다. 세일즈포스Salesforce, 스노우플레이크 Snowflake, 데이터브릭스Databricks, 팔란티어Palantir 등 여러 플랫폼의 엔터프라이즈 솔루션에 C3AI가 보유한 자체적인 제품군을 통합하여 프로세스 결과의 정확도를 높일 수 있다. (그림 3)

C3AI는 시장 리더십 확보를 위해 고객 및 제품군을 지속적으로 확장하면서 2019년 91.6백만 달러이던 매출이 2021년 183.2백만 달러, 2024년 310.6백만 달러로 지속 증가했다. 직원 수 또한 2021년 574명에서 2024년 약 891명으로 늘어났다. (표 2)

뿐만 아니라 C3AI는 4년 연속으로 포브스 클라우드 100Forbes Cloud 100(2017~2020), CNBS 디스럽터 50CNBS Disruptor 50(2018~2020), 2018년 딜로이트 선정 북미에서 가장 빠르게 성장하는 500대 기술 기업, 2021년 구글 클라우드 AI/ML 올해의 파트너상Google Cloud AI/ML Partner of the Year Award, 2023년 포춘 50 AI 이노베이터Fortune 50 AI Innovator 등에 선정되었다. 특히, C3AI의 순고객추천지수Net Promoter Score, NPS는 2024년 기준 서비스나우

표 2 | C3AI의 매출액과 직원 수 추이(2019~2024)

연도	2019	2020	2021	2022	2023	2024
매출액 (100만 달러)	91.6	156.7	183.2	252.8	266.8	310.6
직원 수 (명)	-	-	574	704	914	891

자료: C3AI Annual Report

그림 4 | C3AI의 NPS

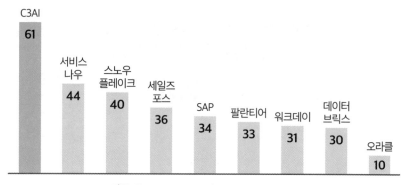

자료: C3AI, Investor Supplemental FY25-Q1, 2024, NPS는 2024년 8월 기준

ServiceNow, 스노우플레이크, 세일즈포스 등의 경쟁사 대비 높다. (그림 4)

　C3AI는 이제 생성형 AI 및 AI 에이전트에 집중하며, 제품 및 서비스의 적용 고객군을 확대하고 있다. 생성형 AI의 초기 모델은 2023년 3월에 처음 출시되어 조지아퍼시픽Georgia-Pacific, 플린트 힐스 리소시스Flint Hills Resources, 뉴코어Nucor, 컨솔리데이티드 에디슨Consolidated Edison 및 미국 미사일 방어국에 적용되었다. 지금은 항공우주, 금융 서비스, 의료, 정보, 제조, 에너지, 통신 및 유틸리티 산업 등 28개 산업 영역에 솔루션을 제공하며 사업 영역을 확대해가고 있다.[6] C3AI는 이처럼 산업별로 특화된 기업용 AI 솔루션을 개발해 버티컬 AI를 강화 중이다. 버티컬 AI는 산업별 특화 지식과 전문 정보를 학습해 해당 산업에 최적화된 솔루션을 제공하는 기술로 SLM 개발 가속화에 따라 버티컬 AI도 확산되고 있다. 이 책에서 다루는 룰루랩(뷰티), 에이젠글로벌(금융) 등의 기업이 대표적인 사례다.

5장

데이터를 기반으로 AI 개발 영역을
확대하는 데이터 라벨링

스케일AI

AI 시대, 가장 중요한 건 무엇일까? 바로 데이터다. 생성형 AI가 아무리 똑똑하다고 해도 양질의 데이터가 없다면, 제대로 된 AI 구현은 어렵다. 스케일AI는 이런 데이터에 라벨을 붙이는 데이터 라벨링 스타트업이다. 국내에도 슈퍼브AISuperb AI, 셀렉트스타SelectStar, 태그마에스트로Tag Maestro 등이 있다.

스케일AI의 창업자는 알렉산더 왕Alexandr Wang으로 2016년 미국 샌프란시스코에 회사를 설립했다. 알렉산더 왕 또한 스케일AI를 창업하기 전 카드 IQCard IQ(명함을 입력하면, 자동으로 저장해주는 서비스), Ava(의사와의 진료 예약을 챗봇이 도와주는 서비스) 등을 창업했다.[1] 1997년생인 알렉산더 왕은 중국 이민자 출신으로 물리학자 집안에서 태어났다. 전형적인 영재였던 그는 수학, 물리학, 프로그래밍 등에서 두각을 나타내서 MIT 컴퓨터공학과에 입학했다. 하지만 중퇴를 하고 19세에 스케일AI를 루시 궈Lucy Guo와 함께 창

그림 1 | 와이콤비네이터의 폴 그레이엄이 넥스트 샘 올트먼으로 지목한 알렉산더 왕

업했다. 공동창업자인 루시 궈는 여름 인턴으로 일했던 실리콘밸리 스타트업 퀴라Quora에서 테크 리드로 일하면서 만났다. 초기 투자는 현재 오픈AI의 CEO 샘 올트먼이 대표로 있던 실리콘밸리의 유명한 액셀러레이터인 와이콤비네이터Y-Combinator가 해줬다. (그림 1)

알렉산더 왕이 이런 창업을 하게 된 계기는 무엇일까? 그는 대학 시절 AI 프로젝트를 하며, AI 사업에서 데이터가 병목이라는 것을 깨달았다. 실제로 그는 대학 시절 기숙사 냉장고의 요거트가 사라지면 알람을 주는 솔루션을 개발하고 싶었다. 솔루션 개발을 위해서는 요거트가 무엇인지를 시스템에 알려줘야 했다. 하지만 요거트가 어떻게 생겼고 요거트와 유사하지만 다른 물건은 무엇이고, 냉장고의 어느 칸에 요거트가 위치하고 있는지를 시스템에 알려줘야 했다.[2] 이 일은 생각보다 어려워서 이때의 경험을 바탕으로 스케일AI의 강점인 세부 라벨링의 중요성을 인식하게 된다. 데이터 때문에 좋은 AI 기술이 있어도 이를 구현하기 쉽지 않았던 것이다. 그래서 스케일AI의 미션은 "AI 애플리케이션 개발을 가속화하는 것"이라고 이야기한다.

스케일AI에 따르면, 데이터 라벨링은 머신러닝 알고리즘이 라벨을 통해 학습하여 원하는 결과를 얻을 수 있도록 데이터에 맥락이나 의미를 지정하는 활동이다.[3] 사람이 일일이 데이터를 분류하기 때문에 AI 산업의 3D 업종이라 불려 빅테크들이 꺼린다.[4] 하지만 스케일AI는 아프리카, 동남아 등의 저임금 인력을 고용해 데이터 라벨링 작업을 하고 이를 AI 기업에 판매한다. 어떻게 보면 스케일AI는 필리핀, 나이지리아, 케냐와 같이 생활비가 적은 나라의 인력 풀에 접근하는 비즈니스 프로세스 아웃소싱 회사다.[5] 그

그림 2 | 데이터 라벨링 시장의 성장 전망(2022~2027)

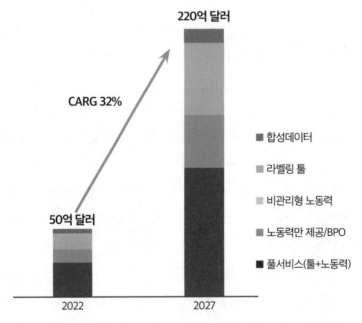

자료: Sacra

그림 3 | 데이터 라벨링 시장의 경쟁구도

자료: Sacra

래서 〈포브스〉는 "왕의 진정한 자산은 AI에 중요한 기초적인 작업을 수행하는 방대한 아웃소싱 인력을 보유한 데 있다"고 말한다.[6]

　데이터 라벨링 시장은 2023년 LLM 회사의 데이터 라벨링 수요 증가로 2022년 50억 달러에서 2027년 220억 달러 규모로 성장할 것으로 전망된다. 데이터 라벨링 시장은 사람 중심-소프트웨어 중심이냐, 다목적-단일 목적이냐에 따라 경쟁구도가 형성되어 있다. 특히 스케일AI는 휴먼인더루프 Human-in-the-loop, HITL 라벨링을 활용한다. 휴먼인더루프는 신뢰도 높은 학습 모델을 도출하기 위해 AI 시스템 등에 사람이 개입하여 시스템과 사람

이 상호작용하는 학습 구조다. 이를 통해 스케일AI는 비용 절감과 데이터 품질을 높인다.(그림 2, 3)

알렉산더 왕은 20대에 이미 억만장자가 되었다. 2021년 스케일AI의 기업가치는 73억 달러였으며, 2024년 5월 기준 기업가치는 138억 달러에 달한다.[7] 스케일AI는 창업 5년 만에 기업가치 100억 달러 이상의 스타트업을 뜻하는 '데카콘Decacorn' 기업으로 성장했다. 스케일AI는 빠른 성장만큼 직원 수 또한 설립 이후 급증하며 현재 900명 규모. 연간반복매출Annual Recurring Revenue, ARR은 2019년 4,500만 달러에서 2023년 7억 6,000만 달러로 폭증했다.* 2024년 8월 기준 연간반복매출은 9억 5,000만 달러에 달한다.(표 1)

스케일AI는 포브스 2021 클라우드 100, 테크크런치 디스럽트 2019Disrupt 2019, CB인사이트 AI 100, 패스트컴퍼니 선정 '가장 생산적인 사람들Most Productive People', MIT 테크놀로지 리뷰 선정 '가장 스마트한 50대 기업50 Smartest Companies'에 선정되기도 했다. 그래서 스케일AI는 설립 이후, 누적

표 1 | 스케일AI의 ARR과 직원 수 추이(2019~2024)

연도	2019	2020	2021	2022	2023	2024
ARR (백만 달러)	45	100	176	215	760	-
직원 수 (명)	100	200	350	450	360	900

자료: TechCrunch, Sacra, 스케일AI

---

* 연간반복매출은 기업이 서비스 또는 제품에 대한 대가로 고객으로부터 매년 얻거나 받을 것으로 예상되는 수익. 연간반복매출 = 고객 한 명당 월간 평균 매출×월간 고객 수×12.

표 2 | 스케일AI의 연혁

구분	세부 내용
2016	와이컴비네이터로부터 12만 달러의 시드 투자유치하여 스케일AI 설립
2017	데이터 라벨링을 위한 아웃소싱을 위해 자회사 리모태스크스Remotasks 설립
2018	기존의 자율주행차 데이터 중심에서 자연어 처리, 전자상거래, AR/VR까지 서비스 범위 확대 1,800만 달러의 시리즈B 투자유치(인덱스벤처스Index Ventures 주도)
2019	연간 4,000만 달러 이상의 수익 달성, 파운더스펀드Founders Fund로부터 1억 달러 투자를 유치하며 유니콘 기업 등극
2020	AI 엔진으로 전환 및 완전관리형 모델 서비스 제공
2021	유럽으로 사업영역 확대를 위해 자율주행 데이터 관리 플랫폼 '시아서치SiaSearch' 인수, 연간 수익 1억 달러 및 기업가치 73억 달러 달성
2022	합성 데이터를 통해 실제 데이터 세트를 개선하는 'Scale Synthetic' 발표
2024	10억 달러의 시리즈F 투자유치(Accel 주도, 기존 투자자 참여)

투자금이 6억 달러에 달한다. 2024년 5월 아마존, 메타, 엔비디아 등의 빅테크와 실리콘밸리 유명 VC들로부터 138억 달러의 기업가치를 인정받아 10억 달러의 투자를 유치했다. 이는 기존 누적 투자금의 2배에 가깝다.(표 2)

현재 스케일AI의 주요 사업은 AI 모델 훈련의 기초가 되는 레이블이 지정된 프런티어 데이터 세트의 생성이다. 설립 초기에는 GM크루즈, 리프트 Lyft, 죽스, 누토노미nuTonomy, 앱티브Aptiv와 같은 자율주행 분야의 업체와 협력했다. 설립 2년차에 20만 마일 이상의 자율주행 데이터(달까지의 거리와 비슷함)에 레이블을 지정했다.[8] 또한 에어비엔비Airbnb, 핀터레스트Pinterest, P&G와 리버티뮤추얼Liberty Mutual과 같은 기업과 협력했다. 현재는 오픈

AI, 어뎁트Adept, 코히어Cohere, 앤스로픽, 엔비디아, MS, 메타 등의 기업과 함께 미국 정부, 육군 및 공군 등을 고객으로 보유하고 있다.

스케일AI의 주요 제품군은 빌드Build AI 분야의 스케일 데이터 엔진Scale Data Engine, 어플라이Apply AI 분야의 스케일 도노반Scale Donovan, 스케일 GenAI 플랫폼Scale GenAI Platform, 이밸류에이트 AIEvaluate AI 분야의 스케일 이밸류에이션Scale Evaluation이 있다. 스케일 데이터 엔진은 스케일AI의 핵심 서비스로 인간 피드백을 통한 강화학습reinforcement learning from human feedback, RLHF, 데이터 라벨링, 데이터 큐레이션 등 데이터 개선 프로세스를 자동화하여 머신러닝 모델 개선을 지원하는 플랫폼 서비스이며, 텍스트, 이미지, 비디오, 오디오, 3D 센서 퓨전 등 다양한 유형의 데이터 어노테이션Data annotation을 지원한다. 데이터 어노테이션은 특정 속성이나 특성으로 데이터를 태그하는 프로세스다. 데이터에 라벨링을 부여하기 위해서는 직접 라벨링 하거나 데이터 라벨링 파트너사를 고용하거나 머신러닝 자동화를 이용할 수 있다. 9)

스케일 데이터 엔진은 수요자의 니즈에 따라 스케일 래피드Scale Rapid, 스케일 스튜디오Scale Studio, 스케일 프로Scale Pro의 3가지 서비스를 제공한다. 스케일 래피드는 데이터 머신러닝 팀이 프로덕션 품질의 교육 데이터를 빠르게 개발할 수 있도록 설계된 제품으로, 스케일AI에서 직접 라벨링 전문가를 제공한다. 스케일 스튜디오는 데이터 어노테이션 플랫폼으로 라벨링을 내부적으로 관리하는 고객을 대상으로 하며, 고객의 자체 라벨링 팀이 직접 라벨링을 하고 스케일 스튜디오는 효율성 극대화에 초점을 두고 지원한다. 스케일 프로는 복잡한 데이터 형식으로 확장이 가능하고, 고품질 데이터 라벨링이 필요한 'AI 지원 비즈니스'를 대상으로 한 완전관리형 데이

그림 4 | 스케일AI의 오토태그 Autotag[10]

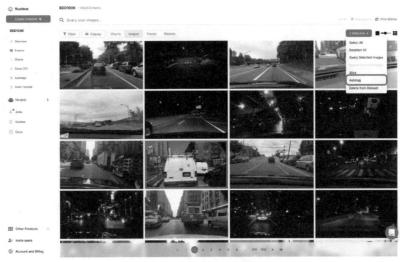

자료: 스케일AI

터 라벨링 서비스이며, 서비스 수준 계약SLA을 통해 그 품질수준을 보장한
다.(그림 4)

　스케일 도노반*은 미국 연방정부를 대상으로 한 AI 제품군으로 국방 및
정보 전문가의 목표 임무 완수를 위한 활동의 정보 및 인사이트 제공, 요약
보고서 작성 등을 지원하는 서비스다. 클라우드, 하이브리드 및 온프레미
스On-premise 소스에서 데이터를 수집·구성하여 대화형으로 만들고, 운영자
와 분석가가 센서 피드와 맵/모델 데이터에 질문할 수 있다. RAG를 통합하

---

* 현대 중앙정보국CIA의 전신인 전략서비스국OSS의 창설자이자 미국 현대 정보기관의 아버지인 선
　각자 윌리엄 '와일드 빌' 도노반 소장에게 경의를 표하는 이름이다.

여 고객이 LLM을 사용해 임무 관련 정보와 상호작용이 가능하며, 문서에서 정보를 추출하고 자연어 의미론을 사용하여 번역할 수 있는 채팅 인터페이스를 갖췄다.

스케일 GenAI 플랫폼은 생성형 AI 솔루션 지원 플랫폼이다. 대부분의 기업은 대규모로 맞춤형 생성형 AI 모델과 애플리케이션을 구축하는 데 필요한 전문 지식, 도구 및 프레임워크가 부족하다.[11] 스케일 GenAI 플랫폼은 맞춤형 생성형 AI 애플리케이션을 더 쉽게 구축, 테스트 및 배포할 수 있도록 돕기 위해 다양한 AI 모델을 활용하여 콘텐츠 생성에서부터 데이터 처리, 기타 자동화 업무까지 지원한다. 클라우드를 통해 오픈AI, 코히어, 메타 등 폐쇄형 및 오픈소스 LLM을 선택할 수 있다. 스케일AI가 가진 데이터 세트와의 연결 및 스케일 데이터 엔진을 활용한 데이터 변환으로 산업

그림 5 | 스케일 GenAI 플랫폼의 지원 언어모델[12]

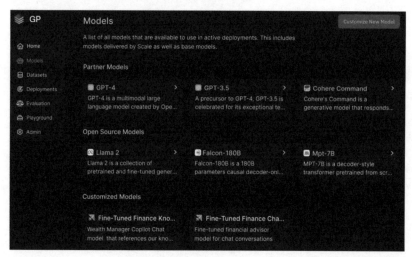

자료: 스케일AI

도메인에 맞게 미세 조정·최적화된 RAG 파이프라인과 모델을 구현한다. AWS와 아주르 등 자체 가상 프라이빗 클라우드VPC를 통해 생성형 AI 애플리케이션의 사용자 지정 및 배포가 가능하다. (그림 5)

마지막으로 스케일 이밸류에이션은 프런티어 모델 개발자가 개발하고 있는 모델 현황을 이해할 수 있도록 LLM의 성능 및 안전에 대한 다방면의 분석을 제공하는 데이터 검증 및 품질 관리 도구다. 스케일AI가 가진 전문가 풀로 레드팀을 구성하여 허위정보, 의료·법률 등에 대한 자격 없는 조언, 편견, 개인정보 유출, 사이버 공격, 생화학무기나 폭발물과 같은 유해물에 대한 정보 등 LLM이 가진 주요 위험을 식별할 수 있다.

스케일AI는 현재 데이터 라벨링에서 데이터 모델 관리, 인프라 지원 등 AI 개발의 수명 주기를 포괄하는 서비스 확장을 강화하고 있다. 고객 측면에서는 기업뿐 아니라 미국 정부, 육군 및 공군 등 공공 부문 및 국방 분야로의 확대를 가속화하고 있다. 향후 스케일AI는 AI를 위한 데이터 파운드리 구축이 목표이며, 범용인공지능Artificial General Intelligence, AGI으로 가기 위한 최첨단 데이터 확보에 박차를 가할 예정이다.

6장

얼라이언스 구축으로
AI 반도체 생태계 강화
퓨리오사AI

제가 퇴사했던 시기 바로 그즈음부터 GPU를 대체할 NPU, AI 반도체가 막 태동하고 있었습니다. 힘들겠지만 시작 단계라면 가능하겠다 싶었습니다. 또 뭔가를 새로 만들어야 하는 것이라면 대기업보다 스타트업이 경쟁력이 있겠더라고요.[1]

— 퓨리오사AI 창업자 백준호 대표

퓨리오사AI는 AI 컴퓨팅 선도 회사로 2017년 설립되었다. 영화 〈매드맥스〉에 나오는 등장인물 퓨리오사의 이름을 딴 회사다. 현재 AI에 최적화된 시스템 반도체 팹리스(설계) 스타트업으로 직원은 100명이 넘는다. 퓨리오사AI R&D 인력의 70%는 소프트웨어 전문가로 구성되어 있다. AI 칩 소프트웨어 생태계 구축에 얼마나 심혈을 기울이고 있는지 알 수 있다. 창업자인 백준호 대표는 서울대에서 전자공학을 전공하고 미국 조지아공대에서 석사 학위를 취득한 후, 미국 반도체 기업 AMD, 삼성전자에서 반도체 설계 경력을 보유하고 있다. 국내에는 AI 반도체를 칩을 설계할 수 있는 기업이 많지 않다. 퓨리오사AI는 그중 하나다. 현재까지 누적투자금액은 1,700억 원 이상이다. 아직 매출은 크지 않지만 성장 잠재력이 높고 시장 전망도 좋다. 가트너에 따르면, 글로벌 AI 반도체 시장은 2023년 537억 달러에서 2028년 1,590억 달러 규모로 연평균 24%의 성장률을 보일 것으로 전망된다. 특히 시스템 반도체 시장에서 AI 반도체가 차지하는 비중은 10.1%에서 20.4%까지 2배 이상 증가가 예상된다. (그림 1)

퓨리오사AI의 제품은 2021년 출시한 1세대 칩인 AI 반도체 워보이Warboy다. 제품명 워보이 또한 회사명과 마찬가지로 〈매드맥스〉의 등장인물에서 영감을 얻었다. 워보이는 퓨리오사AI가 독자 개발한 제품으로 현재 삼성전자 파운드리에서 위탁생산 중이다. 워보이는 이미지·비디오 분석, 지능형 교통관리, 초고해상도, 광학 문자인식, 자율주행 등에 적용되는 AI 반도체로, 삼성 파운드리의 14나노 핀펫 공정 기반으로 제조되었다. 이 제품은 카

그림 1 | 글로벌 AI 반도체 시장규모 전망 및 반도체 시장에서의 비중

자료: KISDI Perspectives, 새로운 기회의 창으로 AI 반도체 시장 현황과 전망, 2024

표 1 | 퓨리오사AI 연혁

구분	세부 내용
2017	R&D(서울)
2021	1세대 비전 NPU(삼성 14nm) 출시 MLPerf 추론에서 엔비디아를 앞선 최초의 AI 칩 스타트업
2022	카카오와 상업용 기업 및 공공 클라우드 구축 허깅페이스, 삼성, SK하이닉스, TSMC, ASUS, LG와 글로벌 생태계 파트너십 체결
2023	삼성 파운드리, ASUS와 함께 1세대 비전 NPU 공식 양산
2024	2세대 데이터센터 가속기 RNGD(TSMC 5nm) 공개

자료: 퓨리오사AI

카오엔터프라이즈와 네이버 등에 공급했다. 해외에도 칩을 공급했다. 미국의 스트리밍 및 클라우드 기업 '시부SIVOO'다. 시부는 영상 콘텐츠와 클라우드 서비스를 100여 개 국가에 제공 중이다. 시부가 퓨리오사AI를 선택한 이유는 뛰어난 전력 대비 성능(전성비)이다. (표 1)

최근에는 글로벌 최초로 고대역폭메모리HBM3를 탑재한 2세대 칩인 '레니게이드'를 개발했다. 2세대 칩은 1세대 대비 연산 기능이 8배 개선되었으며, 1세대가 14나노미터(㎚) 공정인 반면, 2세대는 5㎚ 공정을 활용했다. 2024년 5월 TSMC로부터 첫 샘플을 공급받고 '핫 칩스Hot Chips 2024 콘퍼런스'라는 반도체 학술행사에서 메타의 LLM인 라마Llama3.1 70B 모델의 데모도 시현했다. 여기서 퓨리오사AI는 "레니게이드는 엔비디아의 추론용 AI 칩과 대등한 추론 성능을 갖췄음에도 전력대 성능비가 약 60% 우수하다"고 발표했다. [2] (그림 2, 표 2)

특히 퓨리오사AI는 방위산업 진출을 위해 팬스타엔터프라이즈와 사업협

그림 2 | 퓨리오사AI의 2세대 칩 레니게이드

자료: 퓨리오사AI

표 2 | 국내 AI 반도체 스타트업 차세대 칩 현황

구분	퓨리오사AI	리벨리온	사피온
제품명	레니게이드	리벨	X430
파운드리	TSMC	삼성전자	TSMC
공정	5나노	4나노	5나노 이상(미정)
디자인하우스	GUC	삼성전자	에이직랜드
HBM	SK 하이닉스 HBM3	삼성전자 HBM3E	SK 하이닉스 HBM3E

자료: https://zdnet.co.kr/view/?no=20240207161531

력 계약도 체결했다. 이 계약은 AI 활용 국방과제 수행, 방산업체 지위 획득을 위한 기술 및 제품개발에 관한 협력을 담고 있다. 팬스타엔터프라이즈는 2019년 인증·암호화 분야에서 한·미·일 특허를 취득하고, 국방 분야와 산업제어 분야에 대한 사이버 공격과 방어기술을 개발해온 회사다.[3] 팬스타엔터프라이즈는 '사이버전 대응기술 개발 연구과제'(2021~2026)를 수행하고 있으며, 대한민국 국방산업 발전대전에서 퓨리오사AI와 '단위 제대용 이동형 전술 AI 플랫폼'을 발표하기도 했다. 이전에도 퓨리오사AI는 로보틱스 플랫폼 전문기업인 인티그리트와 차세대 '온보드 엣지 AI 로보틱스 플랫폼' 공동 개발 및 사업화를 위한 업무협약을 했다. 영업 측면에서는 통합 IT 솔루션 전문 기업 에티버스와 독점 총판 계약을 체결하기도 했다.

퓨리오사AI는 AI 플랫폼 얼라이언스AI Platform Alliance에 가입되어 있으며, 창립멤버다. 2023년 결성되었고 사피온, 리벨리온 등 국내 AI 칩 스타트업도 창립멤버다. AI 플랫폼 얼라이언스는 엔비디아에 대항하기 위한 생태계 구축이 목적이다. 왜냐하면 AI 반도체 시장의 90%를 엔비디아의 GPU가

그림 3 | AI 플랫폼 얼라이언스 멤버

자료: https://platformalliance.ai/members

장악하고 있어서다.[4] 현재 멤버는 액셀러레이터, 클라우드 및 시스템 공급업체, 시스템 통합업체, 독립 소프트웨어 개발 판매회사, 클라우드 인프라 관리 서비스 기업 등이다. (그림 3)

퓨리오사의 2세대 칩의 매출은 네이버, LG AI연구원 등과의 레니게이드 샘플칩 성능 검증 이후 발생할 것으로 보고 있다. LG AI연구소는 퓨리오사 AI의 레니게이드를 활용하여 LG 초거대 AI 엑사원EXAONE 기반의 '생성형 AI' 상용 기술을 검증한다. 이를 위해 해외 주요 클라우드 서비스 고객사도 확보할 계획이다. 퓨리오사AI는 현재 차세대 AI 칩 개발 자금의 조달을 위해 2025년 하반기를 목표로 기업공개IPO를 준비 중이다.

AI 다이내믹스 #2

·

로봇·모빌리티

#피지컬 AI #휴머노이드 로봇 #SDR
#SDV #자율주행솔루션

AI
시장 영역 확대와 소프트웨어 기반으로 시장지능을 강화하다

지금 AI 시장의 가장 역동적인 분야는 로봇과 모빌리티다. 로봇과 모빌리티는 미래 유망산업이었지만, 시장 개화 측면에서는 그 시점이 흐릿했다. 하지만 젠슨 황의 피지컬 AI 도래 발언, 테슬라의 옵티머스 출시 등은 로봇이 이제는 정말 현실이 되는구나라는 생각을 하게 했다. 모빌리티도 마찬가지다. 이미 전기차 시장을 통해 모빌리티의 미래는 어느 정도 그려졌지만 캐즘으로 그 시점이 불투명하게 느껴진다. 하지만 모빌리티의 핵심인 자율주행솔루션 도입률이 높아지고 있다. 알게 모르게 이미 많은 자율주행솔루션들이 차에 장착되어 있으며, 사람들은 솔루션을 통한 혜택을 누리고 있다. 장거리 운행에서 사람이 통제하는 부분이 줄어들 수 있는 시대가 오고 있다.

먼저 휴머노이드 로봇은 사람들의 일상을 도와줄 수 있는 수준까지 와 있다. 테슬라의 옵티머스, 피규어AI의 피규어02, 보스턴다이내믹스의 아틀라스, 유니트리로보틱스의 G1 등 이미 선보인 휴머노이드 로봇은 과거처럼 사람의 말을 잘 인식하지 못하거나 어색한 움직임을 보이지 않는다. 피규어02는 눈앞에 보이는 상황을 스스로 판단할 수 있고, 조금 복잡한 일상 업무도 사람처럼 가능한 수준에 이르렀다. 휴머노이드 로봇은 이미 생산공장에 투입되어 사람의 일을 대체하고 있다. 아직은 소수의 휴머노이드 로봇만 투입되어 실증을 거치고 있지만, 대량 투입된다면 제조업은 또 한 번 새로운 혁신을 맞이하게 된다. 기존의 생산라인에 있던 사람들은 통제·관리에 집중하고 로봇은 실행에 집중하며 제조업의 게임의 법칙은 재정의될 될 것이다.

서비스 로봇 분야도 마찬가지다. 이미 상용화된 서비스 로봇은 매장 운영환경과 방식을 새롭게 정의하고 있다. 그래서 베어로보틱스 같은 서비스 로봇은 식당 같은 매장에서는 너무나도 쉽게 볼 수 있다. 지금은 매장에 사람이 없는 게 오히려 당연시되고 있다. 서비스 로봇은 현재 한 단계 도약을 위해 물류·보안·방산 등으로 적용 분야를 확대 중이다. 또한 범용 로봇 개발을 위한 파운데이션 모델 개발을 통해 더 이상 공장에서만 보던 로봇 팔 수준을 넘어 인간을 대체할 수 있는 기반을 차근차근 쌓아가고 있다. 하드웨어뿐만 아니라 소프트웨어도 강화되는 것이다. 이제는 디지털 전환, AI 전환을 물리적 실체가 있는 피지컬 AI로 전환함으로써 잘 드러나지 않았던 기술이 현실에 침투해 일상에서 상호작용할 수 있는 단계로 가고 있다.

모빌리티에서는 자율주행 이슈가 부상하고 있다. 아직은 규제가 자율주행차 확산의 걸림돌이 되고 있지만, 관련 솔루션은 AI 기술 개발과 함께 고도화되고 있다. 테슬라의 로보택시 사이버캡의 등장은 자율주행차가 미래가 아닌 현실이 되어간다는 것을 알려준다. 중국, 미국의 일부 지역에서는 이미 바이두의 아폴로 고, 구글의 웨이모가 운행 중이다. 다양한 도로 상황의 이해, 객체 인식 능력, 위험 순간에 대한 의사결정 능력의 향상은 글로벌 완성차 업체들의 자율주행솔루션 채택률을 높이고 있다. 아직은 일부 지역에 한정된 자율주행서비스가 스트라드비젼, 호라이즌로보틱스 같은 글로벌 자율주행솔루션 업체와 함께 미래를 바꾸어나갈 것이다. 사람의 감독이 없는 진정한 자율주행 시대는 시간이 걸릴 수 있다. 그렇지만 그 시간은 오래 걸리지 않을 것이다.

피지컬의 AI의 핵심인 로봇과 모빌리티는 하드웨어에서 소프트웨어가 중심이 되면서 인간과의 상호작용이 증가하며, 인간친화적인 시장으로 변모하고 있다. SF 영화에서처럼 수많은 로봇과 자율주행차가 너무나도 자연스럽게 인간과 함께 생활하는 모습이 실현되고 있다.

1장

차세대 AI, 피지컬 AI의 핵심인
휴머노이드 로봇

피규어AI

국제로봇연맹International Federation of Robotics, IFR이 발표한 〈세계 로보틱스 2024World Robotics 2024〉에 따르면, 2023년 말 기준 산업용 로봇은 428만 대에 달하며, 자동차 산업의 비중은 30%에 달한다. 한국은 로봇 밀도 세계 1위로 공장 직원 비율은 2023년에 직원 1만 명당 로봇 1,012대였다. 로봇 밀도는 노동자 1만 명당 로봇 대수를 의미한다. 하지만 휴머노이드 로봇 시장에서 한국은 현대차의 보스턴다이내믹스, 삼성전자가 투자한 레인보우로보틱스 외에 두각을 보이는 기업이 많지 않다. (그림 1)

피규어AI는 미국 캘리포니아주 서니베일에 본사를 둔 휴머노이드 로봇 스타트업이다. 2022년 5월 창업한 이 스타트업은 2023년 10월 오픈AI와 협업해 개발한 키 170cm, 몸무게 60kg인 휴머노이드 로봇 피규어01을 공개했다. 이후 2024년 3월 피규어01의 시연 영상을 공개했다.[1] 이 영상에는 접시, 컵, 과일이 있는데, 실험자가 "Can I have something to eat?"이라고

그림 1 | 2023년 국가별 제조업 로봇 밀도

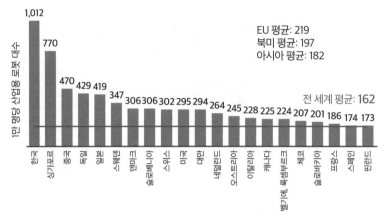

자료: IFR, World Robotics 2024, 2024

하자 로봇이 "Sure"라고 답하고 바로 오른손으로 사과를 집어 왼손으로 남성에게 건네준다. 특히 주목할 만한 점은 로봇이 스스로 앞에 있는 사물들 중에 먹을 수 있는 것이 사과밖에 없다고 생각했다는 것이다. 피규어AI는 "로봇이 시각적 경험을 묘사하고, 다음 행동을 계획할 수 있다. 또 기억을 반영해 자기 생각을 논리적으로 설명할 수 있다"고 밝혔다.[2] (그림 2)

피규어AI는 2024년 8월 외형 디자인 변경과 함께 연산 능력이 3배 이상 빨라지고 음성인식과 추론기능이 탑재된 피규어02를 선보였다. 현재 피규어AI의 휴머노이드 로봇은 사우스캐롤라이나주 스파턴버그 BMW 자동차 생산 공장에서 부품을 옮기거나 섀시를 조립하는 작업에 시험 투입되었다. 이는 세계 최초로, 대부분의 제조업 현장에 로봇 팔이 배치되어 있다. 테슬라의 휴머노이드 로봇 옵티머스는 2024년에 두 대가 전기차 생산라인에 투입되었고, 테슬라는 2025년까지 1,000대를 투입할 예정이라고 발표했다.

그림 2 | 남성에게 사과를 건네주는 피규어01

자료: 피규어AI

현대차의 보스턴다이내믹스 또한 휴머노이드 로봇을 현대차 공장에 배치할 계획이다.

피규어AI가 공개한 BMW 공장에 배치된 피규어02의 유튜브 영상을 보면, 피규어02는 하루에 부품 1,000개를 배치하며 정확도는 7배, 작업 속도는 4배 빨라졌다고 말한다.[3] 이런 기술력 때문에 피규어AI는 직원이 80명에 불과함에도 2024년 2월 29일 오픈AI, MS, 엔비디아, 제프 베이조스의 베이조스 익스페디션Bezos Expeditions, 파크웨이 벤처캐피털Parkway Venture Capital, 인텔캐피털Intel Capital 등으로부터 26억 달러의 기업가치를 인정받고 6억 7,500만 달러의 시리즈B 투자를 유치했다.[4] 이는 오픈AI가 지금까지 진행한 가장 큰 투자규모다. 이미 피규어AI는 2023년 5월 파크웨이 벤처캐피탈 주도로 7,000만 달러 규모의 시리즈A 투자를 유치했다.[5](그림 3)

2025년 2월에는 로봇용 AI 모델인 '헬릭스Helix'를 공개했다. 헬릭스는 시

그림 3 | BMW 공장에서 작업하고 있는 피규어02

자료: 피규어AI

각-언어-행동 모델로, 로봇이 보고 명령을 이해하고 행동할 수 있다. 헬릭스는 두 대의 로봇을 동시 제어할 수 있으며, 한 로봇이 다른 로봇을 도와 작업을 수행할 수 있다.

피규어AI의 CEO 브렛 애드콕Brett Adcock은 연쇄 창업가로 1986년생이다. 미국의 일리노이주 농장에서 태어난 그는 플로리다대학에서 경영학을 전공했다. 그는 "일리노이주 중부의 3대째 이어온 농장에서 태어나고 자라면서 무無에서 유有를 창조하는 것이 가능하다는 것을 깨달았다"고 한다.[6] 특히 그는 고등학생 때부터 창업을 했으며 1인 기업을 7개나 창업하기도 했다.

애드콕은 2013년 기술 전문가 인재 마켓플레이스인 '베터리Vettery'를 창업했고 2018년 스위스의 아데코그룹Adecco Group에 1억 달러에 매각했다.[7] 그해 10월에는 수직 이착륙 전기 항공기eVTOL 회사인 아처에비에이션Archer

Aviation을 창업했다. 아처에비에이션은 2021년 비행에 처음으로 성공하고 10억 달러 이상의 투자를 유치했다. 특히 2022년 뉴욕증권거래소에 상장했는데, 27억 달러의 가치를 평가받았다. 이후 유나이티드항공과 15억 달러 규모의 상업 계약을 체결하기도 했다.

이후 그는 보스턴다이내믹스, 테슬라, 구글 딥마인드DeepMind, 애플 출신과 2022년에 피규어AI를 설립했다. 특히 CTO인 제리 프랫Jerry Pratt은 플로리다 인간·기계인지연구소Institute for Human and Machine Cognition, IHMC 수석연구원 출신으로 휴머노이드 기술 개발 분야의 선구자다. MIT 출신인 그는 다르파 로봇 챌린지에서 카이스트 휴보에 이어 2위를 하는 데 핵심 역할을 했다. 브렛 애드콕은 이 팀이 최고의 휴머노이드 로봇팀이라고 생각한다.

피규어AI의 미션은 "고성능 AI를 통한 인간 능력의 확대Expand human capabilities through advanced AI"다. 피규어AI는 자신들의 마스터플랜에서 육체 노동과 관련해 전 세계 GDP의 50%가 사람의 노동력(42조 달러)이고, 소비자 측면에서는 전 세계 재택 돌봄이 필요한 고령 인구가 7억 명이며, 마지막으로 새로운 세계를 건설하기 위한 우주 탐사 등에 휴머노이드 사업 기회가 있다고 본다.[8]

피규어AI의 사업기회는 골드만삭스가 2024년 발간한 〈AI가 촉발한 휴머노이드 로봇Humanoid Robot: The AI accelerant〉 보고서에서도 볼 수 있다. 이 보고서에 따르면, 휴머노이드 로봇 시장은 2035년까지 380억 달러에 도달할 것으로 전망했다. 휴머노이드 로봇 출하 대수(Base Case 기준)는 2030년에 25.6만 대로 산업용이 95%를 차지할 것으로 봤다. 하지만 2035년에는 전체 출하 대수가 약 137.8만 대로, 산업용은 38%, 소비자용은 62%이며, 산업용보다 소비자용 시장 비중이 더 클 것으로 예측했다. (그림 4)

그림 4 | 글로벌 휴머노이드 로봇 시장 규모 전망(단위: 십억 달러)

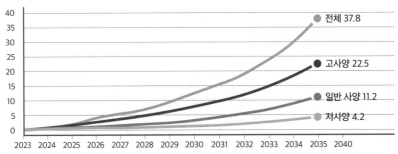

자료: 골드만삭스, AI가 촉발한 휴머노이드 로봇, 2024.1.8

    피규어AI는 앞서 이야기한 목표를 달성하기 위해 빠른 대처와 기술에 대한 자신감Move Fast & Be Technically Fearless, 제품 우선Product First, 미션 중심Mission Focused, 적극적인 낙관주의Aggressively Optimistic, 미래 영향 극대화Maximize Future Impact, 챔피언십 마인드셋Championship Mindset 등 5가지 핵심 가치를 설정했다. 브렛 애드콕은 현재 30년 후를 내다보고 피규어AI를 운영하고 있으며 인류에 미치는 효용을 극대화하는 데 자신의 시간과 자원을 투입하고 있다.[9] 2024년 말 피규어AI는 피규어02를 상업 고객에게 인도했으며, 2025년 초에는 휴머노이드 안전강화센터Center for the Advancement of Humanoid Safety라는 조직을 신설 중이다.[10]

2장

서비스 로봇에서 물류 로봇, HW에서 SW로

베어로보틱스

여러분의 새로운 막내직원을 소개합니다.

실리콘밸리에서 개발된 자율주행 서빙 로봇, 서비Servi

 서비는 베어로보틱스를 대표하는 제품이다. 베어로보틱스는 2017년 실리콘밸리 레드우드시티에 설립되었으며 초기 제품은 그해 출시된 서빙로봇 페니Penny다. 이후 베어로보틱스와 소프트뱅크 로보틱스가 첫 번째 양산 모델인 서비를 통해 레스토랑 로봇을 개발했다. 2023년에는 서비플러스 Servi Plus를 출시하며 글로벌 자율주행로봇 기반 모빌리티 플랫폼 기업으로 성장 기반을 다진다. 특히 서비플러스는 화성 탐사 로봇에 쓰인 기술을 적용했다. 이동 시 안정성을 높여서 울퉁불퉁한 바닥에서도 안정적으로 음식을 나를 수 있다고 한다. 게다가 한 대의 로봇만 통제하는 게 아니라 다수의 로봇도 통제할 수 있어 한 번에 여러 서빙 로봇을 작동시킬 수도 있다. 2024

그림 1 | 베어로보틱스의 초기 제품, 페니

년, 베어로보틱스는 LG전자로부터 약 6,000만 달러의 시리즈C 투자를 유치한다. (그림 1)

리서치앤마켓Research and Markets에 따르면 이런 글로벌 서비스 로봇 시장은 2022년 158억 7,000만 달러에서 2030년 1,873억 3,000만 달러로 연평균 성장률이 36%에 달할 것으로 전망된다. 한국농촌경제연구원의 전망(2023)을 보면 국내 서빙 로봇 시장의 경우, 서빙 로봇 도입 대수는 약 3,500대에서 2023년 약 1만 1,000대, 시장 규모는 900억 원에서 3,000억 원으로 증가세다.[1] 시장 규모 기준 연평균 8.2%의 성장률이다. 한국과학기술정보연구원은 서비스 로봇 시장을 2026년 10억 3,000만 달러로 전망했다. (그림 2)

현재 미국에 진출한 식당 자동화 스타트업은 베어로보틱스 외에도 먼슬

그림 2 | 국내 서비스 로봇 시장 규모 전망

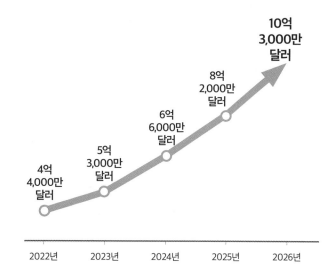

자료: 한국과학기술정보연구원

리키친(주문 및 결제), 알지티(서빙 로봇), 에니아이(요리 로봇) 등이 있다.[2] 먼 슬리키친은 현지 POS(판매자 관리 시스템)사인 포스파트너와 총 815만 달러의 레스토랑 디지털 운영 솔루션 수출 계약, 알지티는 하와이 및 조지아주와 서빙 로봇 '써봇' 수출 계약을 했다. 에니아이는 햄버거 패티를 AI가 구워주는 '알파 그릴' 로봇에 대해 브루클린 지역에서 실증을 준비 중이다. 베어로보틱스는 미국 40개 주에 서빙 로봇을 납품 중이다.

베어로보틱스의 하정우 대표는 구글 소프트웨어 엔지니어 테크 리드 경력을 보유하고 있으며, 서울대에서 컴퓨터공학을 전공하고 미국에서 컴퓨터공학 박사 학위를 받았다. 하지만 그는 2016년 실리콘밸리의 순두부집을 인수한 후, 요식업의 어려움을 해결하기 위해 서빙 로봇을 떠올렸다.[3] 하 대표는 초기 "유전자·바이오·소프트웨어·공유자전거 등의 분야에서 사업을 해볼까도 고민했지만 구글을 그만둘 만큼 가치가 있다고 생각하지는 않았다…. 하지만 서빙 로봇은 강한 확신이 들었다"고 한다.[4]

그래서 순두부집을 운영하면서 서빙 로봇을 개발했지만 2018년부터는 식당을 처분하고 본격적으로 로봇을 개발했다. 그 결과 2018년 미국 외식 업계 최대 규모 박람회인 'NRA쇼National Restaurant Association Show'에 참여하면서 주목을 받았다. 그 후 280만 달러의 시드 투자, 2020년 소프트뱅크 주도로 370억 원 규모의 시리즈A 투자를 받으면서 현재에 이르렀다. 베어로보틱스는 미국과 일본에서 시장점유율 1위로 현재 가치는 약 6,500억 원에 달하는 차기 유니콘이다. 특히 서비는 일본 시장에서는 중국 로봇을 대체하며 빠르게 성장했는데, 여기에는 규모가 작아 테이블 간격이 좁은 일본

그림 3 | 베어로보틱스의 서비플러스

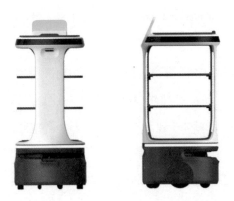

자료: 베어로보틱스

식당에서 서비의 우수한 이동성이 한몫을 했다. 현재 베어로보틱스는 일본에 현지 법인을 두고 있다. (그림 3)

베어로보틱스 서빙 로봇의 한국 유통은 KT가 담당하고 있으며, 자영업자의 한 달 이용료는 계약기간에 따라 다르지만 약 50만 원 정도다. KT 외에도 CJ, SPC, 신세계, 호반건설 등 다양한 업종의 기업들과 협업을 하고 있다. 베어로보틱스는 미국에 본사를 두고 있지만 서빙 로봇의 생산은 경북 구미 공장에서 주문제작 방식으로 하고 있다. 이에 대해 하대표는 "한국의 제조역량과 하드웨어 부문에서의 강점을 중국과 미국 국적의 두 공동창업자에게 설명했고 동의를 이끌어냈다. (…) 대량생산하는 공산품과 달리

표 1 | 베어로보틱스 제품 및 서비스

구분	리벨리온	사피온
제품	서비플러스	[주행능력 및 적재용량] 대용량: 한 번에 최대 40kg의 식기 16개, 최대 4개의 초대형 트레이 또는 4개의 퇴식용기 운반 부드러운 주행: 다양한 바닥 유형, ADA 경사로 및 최대 12mm의 문턱에서 자연스럽게 이동 균형 잡힌 배송: 흔들림 없는 국물 요리 및 음료 서빙
	서비 & 서비미니	[스마트 다목적 서빙 로봇] 한 번에 최대 30kg까지 운반 가능
	카르티	업계 최고의 멀티 로봇 기술로 물류 자동화 솔루션의 전체 운영 방식에서 완벽 협업을 제공 - 선반 조절, 스마트 컨베이어벨트, 고급화 신호 시스템으로 완벽하게 맞춤화함
플랫폼	로봇 관제 시스템	비용을 절감하는 프리미엄 RaaS 소프트웨어 - 시간 경과에 따른 로봇의 성능과 사용량 분석과 모니터링

자료: 베어로보틱스

로봇은 다품종 소량생산이기 때문에 한국과 중국의 생산 비용이 크게 차이 나지 않는다"고 한다.[5] 2023년에는 대구 달성군 대구테크노폴리스 내 2만 2,424㎡ 부지에 683억 원을 투자해 서비스 로봇 연구·제조시설인 '베어로보틱스 테크센터'를 건립하고 있다. 이곳에서 베어로보틱스는 신제품 개발, 자동화된 품질 테스트, 고도화된 AI 플랫폼 기술개발 등을 진행할 계획이다.(표 1)

베어로보틱스의 이런 성장에는 다수의 빅테크 출신의 엔지니어라는 인적 역량이 있었다. 베어로보틱스는 이를 바탕으로 글로벌 톱 수준의 오픈 플랫폼 기반 로봇 개발 역량을 확보했다. 예를 들어 상업용 로봇 소프트웨어 플랫폼, 로봇 군집 제어 기술, 클라우드 기반 로봇 관제 솔루션 등이다.

2024년에는 물류용 자율주행로봇AMR 카티100Carti100을 출시하며 기존 외식업에서 한 단계 더 나아가 물류 로봇 시장으로 사업 영역을 넓혔다. 베

그림 4 | 카티100의 워크플로

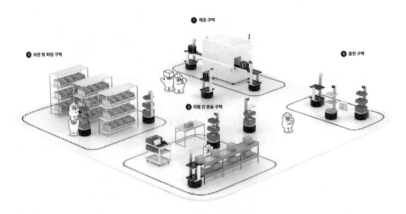

자료: 베어로보틱스

어로보틱스는 로봇의 군집주행 기술을 바탕으로 최대 100대의 로봇을 활용해 기존 물류 생산성을 3배까지 향상시킬 수 있다고 한다. (그림 4)

특히 기존 물류용 자율주행로봇과 달리 카티100은 브라운필드(기존 시설을 업그레이드하거나 확장하는 방식), 그린필드(처음부터 공장, 시설을 설계 및 건설하는 방식), 다층, 메자닌(물류센터에서 추가적으로 설치된 저장 공간) 등 다양한 환경에 적용이 가능하다. 뿐만 아니라 사용자의 필요에 따라 선반 및 적재 중량 조절, 스마트 컨베이어벨트 등의 맞춤 설정이 가능하다. 최근에는 LG에너지솔루션과 '배터리 셀 공급 계약 및 기술협력을 위한 MOU'를 체결하기도 했다. 이를 통해 베어로보틱스는 서비스 및 산업용 로봇에 LG에너지솔루션의 원통형 배터리(2170)를 단독 공급받을 예정이다.

베어로보틱스의 사업 방향은 앞으로 로봇이 하드웨어보다 소프트웨어가 중심이 될 것이라는 생각에 기반한다. LG전자가 AI 기반의 소프트웨어 중심 로봇이 미래 로봇 사업의 방향이라고 생각하고 베어로보틱스에 투자한 것처럼, 하대표 또한 소프트웨어의 중요성을 높게 보고 있다.

"로봇 하드웨어 제작을 넘어 소프트웨어 설계와 클라우드, 자율주행, 관제 서비스까지 모두 아우르는 플랫폼이 중요하다. 구글의 안드로이드 운영 체제가 스마트폰 시대를 연 것처럼 로봇 시장을 활성화하기 위해서는 표준화된 오픈 플랫폼이 필수다."[6]

3장

로봇 파운데이션 모델 개발로
사업 확대 기반 구축

2017년에 설립된 뉴빌리티는 단거리 자율주행로봇 스타트업이다. 일상 속 로봇 지능을 통해 더 나은 세상을 만드는 것이 목표다. 뉴빌리티의 핵심 제품과 서비스는 자율주행로봇 '뉴비NEUBIE'와 로봇 서비스 플랫폼Robotics as a Service, RaaS '뉴비고NEUBIEGO'다. (표 1)

표 1 | 뉴빌리티 제품 및 서비스

구분	세부 내용
뉴비	카메라 기반 자율주행 배달로봇 - 비용 합리적, 도심 환경에 최적화된 실외 자율주행로봇
뉴비고	RaaS 플랫폼, 로봇 서비스 관리를 위한 B2B 플랫폼(API) - 기체(플릿) 관리, 배차 및 경로관리, 모니터링 및 제어
뉴비오더	Daas 애플리케이션, 로봇 배송을 위한 B2C 애플리케이션 - 상품 등재, 주문 접수 및 처리, 주문 결제, 고객 인증

자료: 뉴빌리티

뉴비는 CES2023에서 혁신상을 수상했을 뿐 아니라 네옴시티 '옥사곤X 맥라렌 액셀러레이터' 프로그램에 선정되기도 했다. 2024년에는 '2024 포브스 아시아 100대 유망 기업'에 선정됐다. 포브스 아시아는 산업에 미치는 긍정적 영향, 수익 성장성, 투자유치 능력, 비즈니스 모델, 탄탄한 스토리텔링 등의 지표를 고려해 선정한다. 한국 기업은 뉴빌리티 외 6곳밖에 없으며 뉴빌리티는 엔터프라이즈 기술·로보틱스 부문에 이름을 올렸다. (그림 1)

뉴빌리티의 이상민 대표는 연세대 우주비행제어공학 학·석사 통합과정 밟아서 나사에 들어가는 게 꿈이었지만, 대학 친구 4명과 자본금 5,000만원으로 로봇 사업에 뛰어들었다. 처음부터 로봇 사업을 한 건 아니었다. 로켓 동아리로 시작해 사업 아이템을 바꾸다 현재에 이르렀다. 여느 스타트업과 마찬가지로 초기에는 대기업의 소프트웨어 개발 외주로 버텼다.[1] 3년 동안

그림 1 | 뉴비

자료: 뉴빌리티

은 월급도 가져가지 못했다. 그러면서 자영업의 일손 부족 어려움을 해결하고자 지금의 배달로봇을 개발했다. 학교 앞 치킨 매장과 계약을 맺어 로봇 배달을 해보기도 했던 이 대표는 로봇 배달비로 1,000원을 받았고 두 달 만에 치킨집 전체 배달 건수의 80%를 로봇이 담당했다.[2] 이를 통해 시장 가능성을 봤고 시장 선점을 위해 본격적으로 개발에 뛰어들면서 뉴비가 탄생했다. 앞서 봤던 서빙 로봇처럼 이 시장 또한 누가 초기 시장을 선점하느냐가 중요하다. (그림 2)

뉴비는 창업 스토리에서 알 수 있듯이 여러 버전이 있다. 초기 버전은 자율주행솔루션을 팔기 위한 레퍼런스 로봇(2020년 7월, 링크1)이었다.[3] 이때는 자율주행솔루션의 성능을 보여줄 레퍼런스 로봇이 필요했기 때문이다.

그림 2 | 뉴빌리티 RaaS 생태계 구축

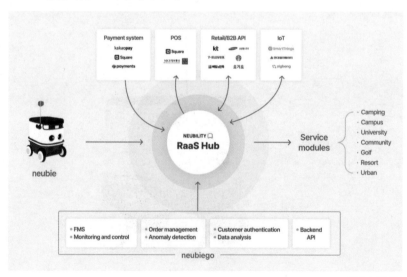

자료: 뉴빌리티

이후 미국 스카우트Scout의 구동 플랫폼 로봇을 구매하여 뉴빌리티의 센서와 소프트웨어를 얹으면서 로봇 관제 시스템을 개발했다. 이때의 로봇이 스카우트-링크SCOUT-LINK(2021년 2월)다. 로봇의 상단 부분을 고도화한 후에는 하단 주행부까지 자체 기술로 개발해 초기 프로토타입을 만들었는데, 이 로봇이 NBP-1(2021년 4월)이다. 이후 NBP-1의 내구성을 보완해 NBP-2, 바퀴 설계까지 개선한 NBP-3(2021년 6월)가 만들어졌다. 그다음 모델부터는 지금의 뉴비처럼 기존 로봇의 디자인을 개선했다. 이 모델로 iF 디자인

그림 3 | 뉴비의 변천사

링크1

스카우트-링크

NBP-1

NBP-3

자료: 뉴빌리티

어워드 2022에 선정되기도 했다. (그림 3)

　이런 히스토리를 가진 뉴비의 강점은 라이다 센서가 아닌 카메라를 사용해 경쟁사 대비 최대 4배 저렴한 로봇을 개발한 것이다. 이 대표는 "카메라 기반의 자율주행 시스템은 구축하는 데만 3년 이상의 시간이 걸려 진입 장벽이 있다. 카메라 기반 측위 성능과 센서 기술을 계속 업그레이드하고 있어, 라이다와 견줘 로봇 주행에 전혀 문제가 없다"고 한다.[4] 이런 유형의 제품에서 가격 경쟁력은 시장 선점 및 확대에 중요하다. 뉴빌리티는 지속적으로 대당 목표 제조원가를 낮추려고 지금도 노력 중이다.

　라이다 센서를 쓰면 로봇의 제조원가가 수억 단위로 비싸진다. 우리는 10대의 카메라와 3대의 센서를 활용하는 센서 퓨전기술이라 대당 목표 제조원가가 700만 원대인 독보적인 가격 경쟁력이 있다. 이 원가를 500만 원대까지 낮추려고 치열하게 매달리고 있다.[5]

그림 4 | 뉴빌리티 비즈니스 모델

자료: 뉴빌리티

2023년부터는 인천 송도에서 실증을 마치고 요기요와 함께 약 2,000대 규모의 배달로봇을 투입해 송도를 넘어 전국으로 서비스를 운영할 계획이다. 또한 해외시장 진출에도 힘쓰고 있다. 사우디, 일본의 액셀러레이터 프로그램에 참여해 글로벌 영업 파이프라인을 확보하려 한다. 최근에는 SKT, 융합보안 서비스 회사인 SK쉴더스와 '자율주행 AI 순찰로봇'을 공동 개발해 사업화를 추진 중이다. 덕성여대에서 시범 테스트를 진행하기도 했다. AI 순찰로봇은 캠퍼스 정문 초소부터 대강의동, 차미리사 기념관, 예술대학을 거쳐 정문으로 복귀하는 900m 코스를 약 15분 동안 자율주행하며 모니터링하고 있다.[6] (그림 5)

최근에는 다양한 용도로 활용될 수 있는 범용 로봇을 위한 로봇 파운데이션 모델을 개발 중이다. 로봇 파운데이션 모델의 핵심은 데이터이다. 뉴

그림 5 | AI 순찰로봇 시범 테스트 모델

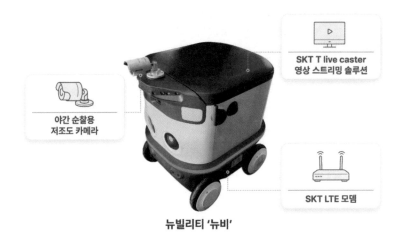

SKT T live caster
영상 스트리밍 솔루션

야간 순찰용
저조도 카메라

SKT LTE 모뎀

뉴빌리티 '뉴비'

자료: SK쉴더스

빌리티는 많은 주행 데이터를 보유하고 있다. 뉴빌리티는 라스트마일 배달 혁신을 위해 서울 도심, 대학가, 캠핑장, 골프장 등 17개 사업장에 서비스를 제공하면서 2024년 5월 기준 약 1만여 건 이상의 자율주행 데이터를 확보했다.[7] 이를 통해 다양한 주행 환경에 대응이 가능하다. 현재 국내 로봇 파운데이션 모델은 마음AI의 워브1.0World model for Robotics and Vehicle control, WoRV 1.0이 있다. 워브1.0은 엔드투엔드 자율주행로봇으로 사람처럼 감각

표 2 | 뉴빌리티 연혁

구분	세부 내용
2017	• 뉴빌리티 설립, 윤민창의투자재단 투자유치
2019	• 퓨처플레이, HL만도 투자유치 • NASA 센테니얼 챌린지Centennial Challenge 2위
2020	• 캡스톤파트너스, 신한캐피탈 투자유치 • SKT TEAC 프로그램 선정
2021	• 민간투자주도형 기술창업 지원산업 선정(TIPS) • 포브스 2021 아시아 30세 이하 리더 선정(이상민 대표) • 카카오인베스트먼트 전략 투자유치 • 2021 물류 스타트업 경진대회 최우수상(국토부 장관상)
2022	• 자율주행로봇 뉴비, iF 디자인 어워드 2022 수상 • 삼성웰스토리 등에서 시리즈A 투자유치(230억 원 규모) • 2022 코리아 AI 스타트업 100 선정
2023	• CES2023 혁신상 수상, 삼성벤처투자 투자유치 • 네옴시티 '옥사곤X맥라렌 액셀러레이터' 프로그램 선정 • 롯데벤처스 202 L-캠프 재팬 1기 선정 • 일본 도쿄 시부야구 글로벌 스타트업 육성 프로그램 '업 바이 시부야 스타트업 서포트Up by Shibuya Startup Support' 지원기업 선정
2024	• 2024 포브스 아시아 100대 유망 기업 선정

자료: 뉴빌리티

을 이용해 상황을 인지하고 판단한다. 마음AI는 농약 살포 차량인 스피드 스프레이어(SS기)에 워브1.0을 적용, 지형이 복잡하고 울퉁불퉁한 과수원에 배포해 기술력을 입증할 예정이다.[8] 현재 과수원 농약 살포 차량에 적용하고 있다. 반면, 뉴비는 앞서 본 것처럼 카메라로 주행 환경을 파악해 정차와 회피 주행을 하고 배달과 순찰에 적용하고 있다.

지금도 산업용 물류창고에 가보면 제품을 찾고 송장을 붙이고 출고를 하는 데 모두 인력이 투입되고 있다. 휴머노이드 로봇을 활용해 정확하게 물류 작업을 할 수 있도록 개발을 진행하고 있다. 사업 확장 분야로 '국방 로봇'도 고려하고 있다.[9]

뉴빌리티는 지정된 구역을 벗어나 이제 도시 공간에서 자유롭게 사업을 추진할 수 있다. 도로교통법과 지능형 로봇법이 2023년 11월부터 개정되면서 실외 이동 로봇이 보행자로 인정받아서다. 도심 배달로봇의 상용화도 멀지 않은 것 같다.

표 3 │ 뉴빌리티에서 일하는 방법

	구분	일하는 방법
1	Mission-First	• 회사의 미션을 명확하게 이해하고, 목표 수립 및 업무 진행에서 회사에 기여할 수 있는 일인지 끊임없이 질문하고 확인합니다. • 개인의 목표보다 팀의 목표, 팀의 목표보다 회사의 미션 달성을 위해 최선을 다해 임합니다.
2	Think fast, Move fast	• 더 나은 내일을 위해 빠르게 생각하고, 빠르게 실행하고, 빠르게 개선합니다. • 실패와 변화를 두려워하지 않습니다. 완벽보다는 빠른 실행을 우선시하며, 이를 통해 혁신을 이루어냅니다.
3	Growth	• 'One size bigger hat', 즉 현재 갖고 있는 시각보다 더 높은 시각으로 문제를 바라볼 때 역량은 크게 향상된다고 믿습니다. • 뉴빌리티 멤버들은 끊임없이 배우고 성장하며, 더 넓은 시야와 높은 목표를 향해 나아갑니다.
4	Seize the Initiative	• 뉴빌리티 멤버들은 모두 주도적으로 일합니다. 누가 시켜서 혹은 지시를 받아서가 아닌 스스로 팀에 기여할 수 있는 일을 찾아 해냅니다. • 새로운 기회를 적극적으로 발굴하고, 책임감을 가지고 능동적으로 실행합니다.
5	Professionalism with Excellence	• 모든 일에 책임감Responsibility을 가지고, 프로답게Professional 일합니다. • 각 분야 최고의 전문성을 향해 끊임없이 노력하며, 최고의 결과를 통해 탁월함을 증명합니다.
6	Customer- Centric	• 고객의 니즈를 정확하게 파악하고, 이를 충족시키는 혁신적인 솔루션을 개발하여 고객 만족도를 극대화합니다. • 고객의 WTPWillingness to Pay를 고려하여, 고객이 지불할 의사가 있는 가치를 뛰어넘는 기술/제품/서비스를 제공합니다.
7	Team Alignment	• 각 팀은 원팀One-Team이 되어 회사의 핵심가치와 미션을 바탕으로 한 공동의 목표와 하나의 방향으로 나아갑니다. • 뉴빌리티 멤버들은 모두 서로의 역할과 책임을 명확히 이해하고, 효과적으로 협업Collaboration하여 대담한 목표를 달성합니다.
8	Over- Communication	• 의사소통을 위한 모든 정보는 투명하게 공유하고, 누구나 필요한 정보에 접근하는 데에 장벽이 없도록 합니다. • 서로를 존중하는 문화를 기반으로 누구나 자유롭게 의견을 표현하고, 명확하고 솔직하게 소통합니다.

4장

모빌리티의 미래, 자율주행솔루션의 부상

스트라드비전

모빌리티 산업에서 자율주행은 모빌리티의 미래라고 할 수 있다. 모빌리티 산업이 하드웨어에서 소프트웨어로 축이 이동하면서 자율주행 시장에서 부각되고 있다. SDVSoftware Defined Vehicle라는 용어가 이를 대변해준다. SDV는 소프트웨어를 기반으로 하드웨어를 제어하고 관리할 수 있는 자동차다. 소프트웨어가 미래 모빌리티에서 차량의 성능, 편의성, 안정성 등을 규정하기 때문이다.

글로벌 컨설팅사인 딜로이트에서는 모빌리티의 미래를 차량 소유와 차량 제어 관점에서 4가지로 전망한다. 개인 소유 운전자 주행, 공유된 운전자 주행, 개인 소유 자율주행, 공유된 자율주행이다. 여기서도 알 수 있듯이 자율주행은 미래 모빌리티의 한 축을 담당하고 있다. 테슬라가 발표한 운전대 없는 2인승 로보택시 사이버캡은 공유된 자율주행이라고 볼 수 있다. (그림 1, 2)

그림 1 | 미래 모빌리티 전망

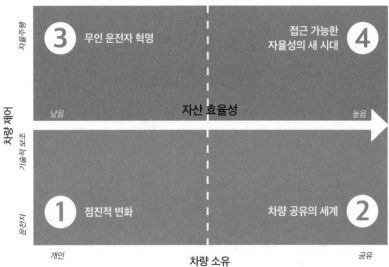

미래 모빌리티의 상황

자산 효율성

낮음　　　　　　　　　　　　　　　　　높음

차량 제어

자율주행

기술적 보조

운전자

③ 무인 운전자 혁명

④ 접근 가능한 자율성의 새 시대

① 점진적 변화

② 차량 공유의 세계

개인　　　　　　　차량 소유　　　　　　　공유

자료: 딜로이트 인사이트, 변화의 힘: 모빌리티의 미래, 2018

그림 2 | 테슬라의 로보택시, 사이버캡

자료: 테슬라

그림 3 | 자율주행 시장 전망

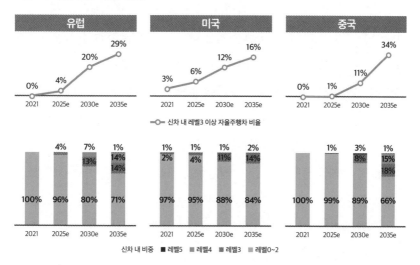

자료: PwC Strategy&(2021), 삼일PwC경영연구원, 모빌리티의 서비스 시장의 미래: M.I.L.E, 2023

　　자율주행차 시장은 아직 초기 단계이지만 미래 전망은 밝다. 글로벌 컨설팅사인 PwC는 2030년 이후 레벨 3 이상의 자율주행차가 급격히 확대될 것으로 전망한다. 유럽은 20%, 미국은 12%, 중국은 11%가 레벨 3 이상의 차량이 될 것으로 본다. (그림 3)

　　국내에도 이런 자율주행과 관련된 기업이 스트라드비젼 외에 다수 있다. 토르드라이브(자율주행 시스템 및 소프트웨어 솔루션), 마스오토(화물 운송용 트럭 자율주행 소프트웨어 솔루션), 에스오에스랩(자율주행 차량용 및 산업용 라이다 센서 제조업), 오토노머스에이투지(자율주행 차량 플랫폼), 서울로보틱스(3D 라이다 및 AI 기반 자율주행 소프트웨어), 모라이(자율주행 시뮬레이션 플랫폼), 포티투닷(자율주행 모빌리티 플랫폼) 등이다.

스트라드비젼은 자율주행 및 첨단운전보조시스템Advanced Driver Assistance System, ADAS을 실현하기 위한 카메라 기반의 인식 소프트웨어인 에스브이넷SVNet을 개발하고 있는 회사다. 자동차가 사람과 같은 시각 지능을 가지고 도로 상황을 인지하고 판단하게 하는 기술이다. 스트라드비젼이라는 사명은 컴퓨터 비젼Computer Vision 분야에서 최고가 되겠다는 뜻으로, 세계 최고의 명품 현악기 '스트라디바리우스'와 '컴퓨터 비젼'을 합쳐 만들었다. '스트라다Strada'는 라틴어로 '길'이라는 뜻이다.

스트라드비젼이 만드는 기술이 모두가 안전한 길을 밝히는 기술이 되기를 바라며, 전 세계 300명의 동료들과 함께 딥러닝, 임베디드 플랫폼, 고급 알고리즘 등의 전문성을 바탕으로 비젼 AI 기술의 1% 차이를 위해 매일 발전해나가고 있다.

스트라드비젼 창업자인 김준환 대표는 프랑스 에콜폴리테크니크 공학 학위, 카이스트KAIST 컴퓨터공학 석사 학위, 미국 코넬대학교 컴퓨터 과학 박사 학위 소지자이다. 이후 삼성전자, 인텔코리아에서 근무했다. 김대표는 2014년 포스텍, 카이스트 동문들과 스트라드비젼을 설립했는데, 미국 자동차기술자협회Society of Automotive Engineers, SAE가 분류한 자율주행 레벨 2~4에 해당하는 ADAS 및 자율주행용 객체 인식 소프트웨어 '에스브이넷'을 개발했다. 에스브이넷은 차량 카메라를 통해 포착된 차량, 보행자, 차선, 신호등 등을 AI 기술을 활용해 자율주행이 가능토록 하는 기술이다. 이 객체 탐지Object detection 기술은 컴퓨터 비젼 분야에서 이미지나 비디오에서 객체를 탐지하고 해당 객체의 위치와 크기를 식별해준다. (그림 4)

그림 4 | 스트라드비젼의 객체 탐지 기술

자료: 스트라드비젼

　김준환 대표는 "최소한의 연산과 전력 소비만으로 딥러닝 기반 객체 인식 기능을 구현하는 탁월한 성능과 효율성을 바탕으로 전 세계에서 인정받고 있다"고 말한다.[1] 김대표는 스트라드비젼을 창업하기 전에도 2012년 인텔에 인수된 올라웍스에서 카메라 기반 얼굴인식 및 사진·비디오 처리 소프트웨어를 개발했다.

　그도 사업 초기에는 구글 글라스와 같은 웨어러블 디바이스에 탑재할 수 있는 객체 인식 소프트웨어 개발을 목표로 했다. 하지만 우리가 아는 것처럼 웨어러블 디바이스의 성장이 더뎌 향후 자율주행 차량 시장의 미래를 보고 현재 자율주행 및 ADAS 분야로 사업을 피봇팅했다.[2] 스트라드비젼은 자율주행의 인지-판단-제어 과정 중 인지 부분에 집중하고 있으며, 경쟁 소프트웨어와 비교했을 때 AI 기반의 객체 인식에 강점이 있다.[3] 에스브이넷은 카메라로부터 전송되는 데이터를 활용한 딥러닝 기반의 인식 소프트웨어를 구성하는 자체 기술로 사물을 인지하고 분류하는 데 탁월한 성능을 보인다. 딥 뉴럴 네트워크 관련 167개 미국 특허도 보유하고 있다. 유럽의 ASPICECL2 인증서 획득 및 ISO026262와 ISO27001, 중국 등 해외시장 표준을 충족하는 기술력을 보유하고 있다.

에스브이넷의 높은 정확도는 단순 학습을 넘어 최신 기술을 적용한다. 예를 들어, 실험 결과를 바탕으로 알고리즘을 변경하여 결과를 개선하는 메타 학습, 새로운 모델이 기존 모델의 지식을 상실하지 않도록 도와주는 기술인 지식 증류, 모델이 잘 맞춰내지 못하는 데이터를 집중적으로 모델에 학습시킴으로써 보다 효율적으로 학습하도록 하는 어려운 예제 마이닝 Hard example mining이 있다. 이런 기술력을 인정받아 스트라드비젼은 2022년 프로스트 & 설리번 글로벌 기술 혁신 리더십 어워드Frost & Sullivan Global Technology Innovation Leadership Award에 선정되었다.

현재 스트라드비젼의 제품은 프론트비젼FrontVision, 서라운드비젼 SurroundVision, 멀티비젼MultiVision 등으로 구성되어 있다. 프론트비젼은 전방 카메라의 영상을 기반으로 차량, 보행자, 차선, 신호등, 교통 표지판 등 도로 위 다양한 객체들을 인지하여 이러한 정보를 바탕으로 유로Euro GSR(일반안전규정)과 NACP(신차 안전성 평가)를 만족하는 기본적인 ADAS 기능부터 L2/L2+/L3 레벨 이상의 자율주행 보조 기능까지 지원할 수 있도록 높은 정확도와 안정성을 제공한다. 서라운드비젼은 서라운드뷰 카메라에 기반하여 차량, 보행자, 주차 슬롯, 연석 등 주차 환경에 존재하는 다양한 객체를 인지하고, 이러한 정보를 바탕으로 복잡한 환경에서도 사각지대 감지를 통한 안전 기능부터 자동주차 기능을 안전하게 수행할 수 있도록 높은 정확도와 안정성을 제공한다. 멀티비전은 단일 카메라뿐 아니라 전후방, 서라운드뷰, 전후측방 카메라들을 다양하게 조합한 다중 카메라 시스템에 기반하여 차량 주변 360도 시야를 확보하고, 주행 경로상에 있는 차량, 보행자, 자전거 운전자, 주행 가능 공간, 교통 표지판, 신호 등을 감지한다. 이러한 정보들을 어떤 상황에서도 높은 정확도와 안전성을 확보하여 제공함으로써 자율주행과 자율주차 모두를 하나의 솔루션으로 지원할 뿐 아니라, 더욱 높은 자동화 단계(L3이상) 또한 달성 가능하게 한다.

스트라드비전의 연간 소프트웨어 공급 규모는 2019년 상업 생산 이후, 13개 완성차 회사, 50개 차종에 소프트웨어를 공급하면서 2021년 28만 4,000대, 2022년 36만 2,000대에 달했다. 특히 2023년에는 에스브이넷 기술이 3D 인식 네트워크Perception Network로 고도화되면서 100만 대 이상으로 급증했다. 이어서 2024년에는 150만 대를 달성했다. 3D 인식 네트워크는 카메라의 역할을 확대해 자율주행 감지Sensing, 인식Perception, 계획Planning, 행동Action의 4단계 중 인식부터 계획 단계까지 2D에서 3D로의 변환을 포함하는 포괄적인 솔루션이다. 기존 대비 비용 효율성과 정확도는 향상되고 복잡성은 감소했다. 스트라드비전은 2027년 연간 공급 규모를 1,000만 대까지 확대하는 게 목표다. 현재 스트라드비전은 IPO를 준비하고 있으며 코스닥 기술특례 상장을 위한 기술성 평가를 통과했다.

스트라드비전은 앞으로 기술 발전, 고객 파트너십 강화, 시장 확대를 통해 지금까지의 성과를 가속화할 예정이다.[4] 기술은 앞서 이야기한 3D 인식 네트워크 기술을 고도화해 자율주행차의 안전성과 신뢰성을 높이고, 다양한 하드웨어에 적합한 소프트웨어를 지속적으로 제공할 예정이다. 고객의 경우, 기존 OEM 및 티어Tier1 파트너와의 관계가 핵심이다. 이를 통해 스트라

그림 5 | 스트라드비전의 글로벌 조직 현황

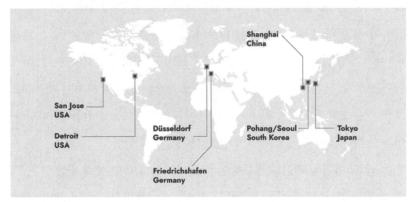

드비전은 고객에게 필요한 솔루션을 지속적으로 발굴하고 고객의 다양한
요구를 충족시키려고 한다. 마지막으로 스트라드비전은 중국, 아시아, 북
미, 유럽 등에서 시장별 특성을 고려한 사업을 확대할 예정이다. (그림 5)

5장

자율주행솔루션으로
글로벌 시장 진출 강화

호라이즌로보틱스

호라이즌로보틱스는 베이징에 본사를 두고 있는 자율주행 관련 소프트웨어·하드웨어 개발사다. 2015년 '중국판 알파벳' 바이두 출신 위카이Yu Kai가 설립했으며 2024년 10월에는 홍콩 증권거래소에 상장했다. 위카이는 중국 난징대를 졸업하고 2004년 독일 뮌헨대에서 컴퓨터공학 박사 학위를 받았다.[1] 이후 독일 지멘스, 바이두 등에서 일했다. 호라이즌로보틱스는 엔비디아에 도전하는 대표적인 중국 자율주행 기술 기업이다.

호라이즌로보틱스는 2차 공급업체로 활동하며 업계 최고의 OEM 및 중국에서 제조되는 차량의 1차 공급업체로 구성된 대규모 글로벌 고객 기반을 보유하고 있다. 호라이즌로보틱스가 처음부터 자율주행에 집중한 것은 아니었다. 호라이즌로보틱스는 2019년 기존에 추진 중인 사물 AI 사업을 중단하고 자율주행에 집중하기 시작했다. 사물 AI 사업의 매출 비중이 높았음에도 미래 성장성을 보고 자율주행 사업에 몰두했다. (그림 1)

그림 1 ┃ 2024 호라이즌로보틱스 제품 출시 이벤트에서 기조연설을 하는 위카이

자료: 호라이즌로보틱스

> 기술의 목표와 의미는 기계에 힘을 주는 것이 아니라 인간의 위대함
> 을 가능하게 하는 것입니다.
>
> ― 위카이

호라이즌로보틱스가 IR 자료에 공개한 데이터를 보면, 2023년 글로벌 스마트 차량 보급률은 65.6%에 달하며, 2026년과 2030년에는 각각 80.3% 와 96.7%로 증가할 것으로 본다.[2] 중국은 2023년에 57.1%, 2026년 81.2%, 2030년 99.7%에 달할 것으로 전망된다. (그림 2)

호라이즌로보틱스는 2021년 솔루션을 대량 배포한 이후 전체 솔루션 설

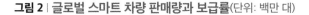

그림 2 | 글로벌 스마트 차량 판매량과 보급률(단위: 백만 대)

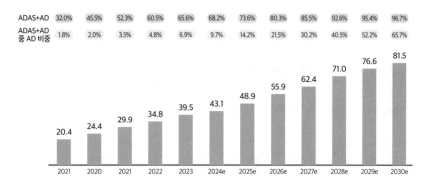

ADAS+AD	32.0%	45.5%	52.3%	60.5%	65.6%	68.2%	73.6%	80.3%	85.5%	92.6%	95.4%	96.7%
ADAS+AD 중 AD 비중	1.8%	2.0%	3.5%	4.8%	6.9%	9.7%	14.2%	21.5%	30.2%	40.5%	52.2%	65.7%

자료: China Banking and Insurance Regulatory Commission

치량 측면에서 통합 ADAS 및 AD 솔루션을 제공하는 중국 기업 중 최초이자 지속적으로 최대 규모를 유지하고 있다. 또한 전체 솔루션 탑재 기준, 중국 내 모든 글로벌 ADAS 및 AD 솔루션 제공업체 중 4위다.[3] 2023년과 2024년 상반기에는 각각 9.3%와 15.4%의 시장 점유율을 기록했다. 호라이즌로보틱스의 매출은 2021년 467백만 위안에서 2022년 906백만 위안, 2023년 1,552백만 위안으로 급증하고 있다. 2024년의 경우, 상반기에만 935백만 위안의 매출을 올렸다.[4]

현재 호라이즌로보틱스는 비야디BYD, 리오토Li Auto, 지리Geely, 창안Changan 등 중국 자동차 업체뿐 아니라 폭스바겐, 아우디, 현대 등 독일 및 한국 자동차 업체도 고객으로 보유하고 있다. 호라이즌로보틱스는 임베디드 비전 서밋Embedded Vision Summit에서 올해의 비전 제품상(2019, 2020)에 선정되기도 했다. 호라이즌로보틱스는 스트라드비젼과 2023년 자율주

그림 3 | 호라이즌로보틱스의 고객과 파트너

자료: 호라이즌로보틱스, IR 보고서, 2024.10.16

행솔루션 개발을 위한 전략적 파트너십을 체결했다. 이후 스트라드비젼은 2024년 호라이즌로보틱스의 저니3Journey™ 3 컴퓨팅 솔루션을 활용한 개발자 맞춤형 에스브이넷을 출시하기도 했다.[5] (그림 3)

이외 글로벌 회사인 앱티브 및 중국의 자회사 윈드 리버Wind River와 전략적 파트너십을 맺었다.[6]

이를 통해 호라이즌로보틱스는 중국의 민간 자동차 제조업체에 최적화된 통합 하드웨어 및 소프트웨어 솔루션을 개발할 예정이다. 2024년 1월에는 자본금 2,700억 원 규모 로봇 회사인 '선전深圳디구아地瓜로봇'을 설립했다.[7] (표 1)

주요 제품은 ADAS 및 자율주행솔루션, AI 반도체, 뇌처리장치Brain Processing Unit와 개발툴 등이다. 자율주행솔루션은 하드웨어와 소프트웨어를 결합한 ADAS 솔루션으로 크게 호라이즌 모노Horizon Mono, 호라이즌 파일럿 Horizon Pilot, 호라이즌 슈퍼드라이브Horizon Superdrive, 호라이즌 저니 시리즈

표 1 | 호라이즌로보틱스 연혁

구분	세부 내용
2015	• 호라이즌로보틱스 설립
2016	• 1세대 BPU 출시
2017	• 1세대 차량용 AI 칩 저니1.0 출시
2019	• 2세대 차량용 AI 칩 저니2.0 출시
2020	• 프랑스 자동차 공급업체 포레시아Faurecia와 전략적 제휴 체결, 3세대 차량용 AI 칩 저니3.0 출시
2021	• 콘티넨털AGContinental AG와 자율주행 분야 합작법인 설립 및 자동차 반도체 1위 기업 NXP세미컨덕터스NXP Semiconductors와 전략적 제휴 체결, 레벨4 자율주행을 위한 저니5.0 발표 및 저니3.0 양산 • 호라이즌 저니Horizon Journey5 컴퓨팅 솔루션을 탑재한 세계 최초의 양산 모델인 리오토Li Auto의 L8 Pro가 정식 출시
2022	• 폭스바겐의 차량용 소프트웨어 개발을 위한 합작회사 카리아즌CARIZON 설립을 위해 폭스바겐 소프트웨어 자회사 카리아드Cariad로부터 23억 달러 규모의 투자 유치
2023	• 폭스바겐그룹과 합작회사 카리아즌 설립 • 스트라드비젼과 전략적 파트너십 체결 • 앱티브 및 중국의 자회사 윈드 리버와 전략적 파트너십 체결
2024	• 차세대 스마트 드라이빙 솔루션 슈퍼드라이브Superdrive 및 저니6 시리즈 출시 • 홍콩 증권거래소SEHK 상장

Horizon Journey Series가 있다. 호라이즌 모노는 전면카메라 ADAS 솔루션으로 2MP, 8MP 카메라가 탑재되어 있으며, 호라이즌 파일럿은 주행 및 주차 솔루션으로 고속도로 파일럿 보조 주행, 자동 주차 보조, 고속도로 NOANavigation on Autopilot을 지원한다. 예를 들어 비탈길, 커브길, 혼잡한 도로 진출입, 장애물 회피 등에서 차량 스스로 조향·정지·가속이 가능하다. (그림 4)

그림 4 | 호라이즌로보틱스의 자율주행솔루션

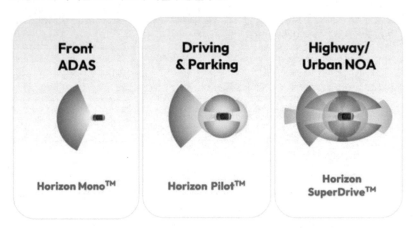

자료: 호라이즌로보틱스

호라이즌 슈퍼드라이브는 풀스택 자율주행솔루션으로 시그니처 소프트웨어 및 하드웨어의 공동 최적화를 통해 고속도로 및 주차 시나리오 전반에 걸쳐 높은 수준의 자율주행을 달성하도록 설계되어 있다. 예를 들어 차량, 스쿠터, 보행자로 가득한 번잡한 교차로에서 호라이즌 슈퍼드라이브가 강화된 차량은 전체 환경을 '관찰'하고, 좌회전을 위한 최적의 순간을 선택하고, 보행자와 비자동차에 정중하게 양보하면서 다가오는 차량을 안전하게 피할 수 있다. 앞에서 자동차 사고가 발생하는 경우, 슈퍼드라이브가 강화된 차량은 갑자기 멈추는 대신 부드럽게 속도를 줄이고, 상황을 평가하고, 최적의 순간에 속도를 조절하거나 차선을 변경한다. 이는 숙련된 운전자의 의사결정을 반영해 안전하고 편안한 여행을 보장한다.[8](그림 5)

마지막으로 호라이즌 저니 시리즈는 다양한 수준의 자율주행에 맞춘 에너지 효율성과 비용 효율성 제고를 위한 차량용 AI 반도체로, 현재 저니 2,

그림 5 | 호라이즌로보틱스의 슈퍼드라이브

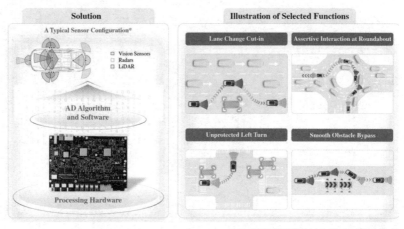

자료: 호라이즌로보틱스, IR 보고서, 2024.10.16

저니 3, 저니 5, 저니 6으로 구성되어 있다. CPU, BPU, GPU, MCU 등 다양한 구성요소를 통합하여 자율주행에 최적화되어 있다. 이러한 호라이즌로보틱스의 솔루션은 9년간의 개발, 테스트 및 반복적인 개선을 통해 상용화되어 대규모로 배포되었다. [9)]

현재 호라이즌로보틱스의 솔루션은 24개 OEM(31개 OEM 브랜드)에서 270개 이상의 자동차 모델에 적용되었다. 중국의 상위 10대 OEM은 모두 호라이즌로보틱스의 스마트 주행 솔루션을 탑재했다. 향후 호라이즌로보틱스는 대량 생산 가능한 호라이즌 슈퍼드라이브 버전을 완성할 예정이다.

AI 다이내믹스 #3

·

뷰티·커머스·헬스케어

#초개인화·초정밀 #예방·예측

#AI 고객 경험

초개인화된 서비스로 신뢰도를 높이며 AI 고객 경험을 실현하다

뷰티, 커머스 등의 대표적인 B2C 시장은 디지털화에 따라 초개인화되고 있다. 빅데이터, AI는 나도 몰랐던 나만의 취향을 파악해 솔루션을 제공해주는 시장으로 바뀐 지 오래다. 하지만 과거의 맞춤형 시장이 데이터의 기초적인 가공과 분석에 기반했다면, 지금은 개인의 라이프스타일 전반에 대한 이해를 바탕으로 정밀한 분석 기반의 취향 솔루션을 제시한다. 이는 진단에서 예방과 예측 중심의 헬스케어 시장을 확대시키고 있다.

온라인 비즈니스는 과거부터 매출 증대를 위해 개인의 취향에 초점을 두었지만 단순히 몇 개의 집단군에 기반했다. 그 집단이 조금씩 증가했을 뿐이다. 하지만 지금은 어떤가? 한 개인의 모든 데이터를 수집하고 맥락에 기반한 분석이 가능하다. 그러다 보니 개인의 피부를 분석해 화장품을 추천하는 데 그치는 게 아니라 이제는 질병을 예측할 수 있는 수준까지 와 있다. 룰루랩 같은 뷰티테크 회사들이 그렇다. 전 세계의 피부 데이터가 축적됨에 따라, AI를 활용한 다양한 비즈니스가 가능해지고 있다. 그러면 지역별, 국가별 개인의 취향 분석이 가능해지고 차별화된 마케팅을 할 수 있다. 축적된 데이터는 헬스케어, 커머스 등의 다른 영역과 결합하여 또 다른 신규 비즈니스 창출이 가능하다.

뷰티 외에 스포츠, 커머스 시장도 초개인화된 솔루션을 통해 AI 고객 경험을 높이고 있다. 스포츠 테크 업체는 AI 기반 컴퓨터 비전 기술을 통해 선수들의 움직임을 모니터링하여 선수들의 경기 성과를 높일 수 있는 방안을 마련해준다. 올림픽 경기 중계를 보면, 양궁 선수가 쏜 화살의 포물선 궤적을 입체적으로 보여주는 게 그 예다. 축구경기도 마찬가지다. 경기장에서 선수들의 움직임을 추적해 어떻게 하면 선수들의 성과를 더 올릴 수 있는지를 통해 과학적 훈련이 가능하다. 모아이스 같은 업체는 개인의 골프 스윙을 진단해준다. 양궁, 골프뿐 아니라 이미 과학이 된 스포츠는 AI 기술의 활용도가 높아지고 있다.

커머스에는 챗봇, 검색, 피팅 등에 AI가 적용되어 고객 경험을 극대화하고 있다. 디지털 플랫폼 솔루션 기업인 플래티어는 커머스 시장에 AI 기술을 도입해 고객들의 숨은 니즈를 충족시켜 준다. 커머스 시장에서 초개인화된 취향 분석은 매출 증대에 영향을 미치고, 고객의 의사결정 속도를 높여준다. 단순하게 생각해보면, 지금은 디지털 플랫폼을 통한 제품 구매가 높다. 하지만 그만큼 제품의 반품률도 높다. 그런데 가상 피팅 서비스와, 내가 매장에 가서 입어보지 않아도 실제 매장에서 옷을 입어보는 것과 차이가 나지 않는다면 어떨까? 고객은 굳이 매장에 가지 않아도 되고, 기업은 고객의 반품을 걱정하지 않아도 되지 않을까? 서로 윈윈할 수 있는 비즈니스 구조가 만들어질 수 있다.

헬스케어 시장에서 AI의 활용은 기존 인간의 한계를 보완해준다. 헬스케어 분야는 일반 소비재와 달리 사람들이 체감할 수 없지만 진료나 수술 분야에서 AI가 적용되고 있다. 메디픽셀, 뉴로핏 같은 헬스테크 업체들이 현재 활약하고 있다. 고령화에 따른 진료비 부담 등은 시장 확대의 촉매제가 되고 있다. 과거 의료시장이 사후 치료 중심이었다면, 이제는 개인 맞춤에서 더 나아가 질병 예방과 예측 중심의 시장으로 전환되고 있기 때문이다. 헬스케어 시장은 정확도와 신뢰도가 중요해 상대적으로 다른 영역 대비 기술의 도입이 늦었다. 하지만 정확도와 신뢰도가 뒷받침된다면, 더 빠르게 기술의 적용과 확산이 이루어질 수 있다.

1장

데이터 분석을 넘어 질병 예측으로 진화하는 뷰티테크

룰루랩

뷰티 시장은 AI로 사람의 피부를 진단해 맞춤형 제품을 추천해주거나 가상의 체험을 해볼 수 있는 형태로 변하고 있다. 이런 변화는 초개인화를 촉진하고, 고객에게 긍정적 디지털 경험을 제공해준다. 고객 관점에서는 제품 구매를 위한 시간을 절약해주고 기업 입장에서는 불필요한 마케팅 비용을 최소화해준다. 아직 국내에서는 기술 기반의 뷰티 시장이 급성장하고 있지는 않다. 도입기에서 이제 성장기로 나아가는 단계에 있다. 이와 관련된 서비스도 크게 보면, AI 기반 피부 분석 및 진단, 맞춤형 제품 추천(AI 챗봇, 가상인간), 스마트 거울 및 가상 체험 등이 있다. 국내외 기업들도 이와 관련된 서비스를 출시는 하고 있다. 세포라Sephora는 고객이 다양한 제품을 가상으로 체험할 수 있는 '버추얼 아티스트Virtual Artist', 로레알Loreal은 노화 징후 발견과 개인 맞춤형 피부 처방 서비스를 제공해주는 셀프 이미지 분석 기반 '스킨컨설트AISkinConsultAI', 아모레퍼시픽은 AI 사용자의 퍼스널컬러에 맞는 립스틱을 선정해주는 '컬러테일러' 앱을 출시했다.[1] 특히 로레알은 CES2024에서 생성형 AI 기술이 적용된 '뷰티지니어스'를 선보였다. 뷰티지니어스는 고객의 현재 피부 상태를 입력하거나 사진을 찍어 올리면 개인에게 최적의 화장품을 추천해주는 AI다.

글로벌 시장조사기관인 더비즈니스리서치컴퍼니The Business Research Company에 따르면, 이런 뷰티테크 시장은 2023년 591억 4,000만 달러에서 2028년 1,161억 7,000만 달러 규모로 전망된다. 한국, 중국, 일본 등 동아시아와 북미 지역 시장이 급성장할 것으로 전망한다. 글로벌 컨설팅 기업 인사이트에이스 애널리틱InsightAce Analytic 역시 뷰티테크 중에서도 AI를 결합한 미용·화장품 시장 규모가 2021년 27억 달러에서 2030년 133억 4,000만 달러로 연평균 19.7%씩 성장할 것으로 전망했다.[2]

뷰티테크와 관련 기업에는 대기업뿐 아니라 다수의 스타트업이 있다.

그림 1 | 글로벌 뷰티테크 시장 전망

자료: 더비즈니스리서치컴퍼니

예를 들어 AI 활용 개인 피부 분석 영역에는 릴리커버, 아트랩이 있고, AR·VR 활용 가상 체험에는 작당모의, 미러로이드, 뷰티 디바이스는 이지템, 레지에나 등이 있다.(표 1)

룰루랩은 기술 기반 뷰티테크 시장의 국내 선도기업이다. 룰루랩의 LULU는 '아주 뛰어난 사람이나 물건'을 뜻하는데, LULU를 만드는 LULU가 되자는 의미를 담고 있다. 한편으로 '룰루'는 기분 좋고 신났을 때 사용하는 단어로, 룰루랩은 자신만의 기술을 통해 전 세계인의 건강하고 행복한 삶을 돕겠다는 목표를 가지고 있다. 룰루랩 창업자는 코넬대 생명공학 출신 최용준 대표다. 최용준 대표는 생명공학 학사 학위를 받은 후에 하버드 메디컬스쿨에서 DNA 게놈 시퀀싱Genome Sequencing 연구를 시작했는데, 이

표 1 | 뷰티테크 스타트업

구분	기업명	누적 투자유치 금액	주요 제품 및 서비스
AI 활용 개인 피부 분석	룰루랩	230억 원	피부 분석을 통한 맞춤형 화장품 추천
	릴리커버	55억 원	피부 분석을 통한 맞춤형 화장품 제조
	아트랩	8억 원	피부 분석 및 화장품 추천 챗봇 서비스
	닥터케이헬스케어	9,500만 원	확대렌즈를 통한 피부 분석 및 맞춤형 화장품 제조
AR·VR 활용 가상 체험	작당모의	108억 원	가상 메이크업 및 화장품 추천
	미러로이드	3억 원	스마트미러를 통한 인공지능 헤어스타일 제공
뷰티 디바이스	이지템	175억 원	화장품 흡수 촉진 피부미용 디바이스
	레지에나	1억 원	HIFU(고강도 집속 초음파) 기반 가정용 메디컬 뷰티 디바이스

연구를 하면서 뷰티 시장의 성장과 관련 기술 활용 사이에 큰 격차가 있다는 걸 알게 되었다. 삼성전자에 입사한 그는 자신이 가지고 있는 아이디어를 구현하기 위해 삼성의 C-Lab이라는 사내벤처 프로그램에 참여해 룰루랩을 설립했다.

최용준 대표는 사람의 피부가 그 사람의 건강을 나타내주는 주요 지표임에도 이를 객관적으로 측정할 수 없다는 점에 착안했다. 삼성전자 내부의 핵심 인력들과 함께 영상처리와 AI 기술을 활용한 루미니를 개발했다. 공동창업자인 유상욱 CTO는 삼성전자 헬스케어 사업부에서 의료 영상 분석 알고리즘과 루미니 프로젝트 개발을 진행했다.

최용준 대표는 룰루랩에 대해 "사람의, 특히 전 세계인들의 변화하는 피부 데이터랑 얼굴 영상 데이터를 핵심 바이오마커로 놓고 이렇게 피부 데이터를 AI로 분석해서 데이터화시킨 다음에 그 사람에 맞는 솔루션을 화장품부터 피부과 시술 추천, 콘텐츠까지 연결해주는 회사"라고 말한다.[3] 한마디로 피부 데이터 기반의 뷰티·헬스케어 플랫폼으로 정밀한 피부 분석을 통한 맞춤 솔루션을 제공하는 회사다. 룰루랩은 200만 건이 넘는 피부 데이터를 보유하고 있고 피부분석 정확도는 전문평가기관 공인 92% 이상이다. 나스닥에 상장된 경쟁사 대비 10배 이상의 피부 데이터를 보유하고 있다. 이를 위해 룰루랩은 20여 개 국가, 100여 개 파트너를 통해 전 세계인들의 피부데이터를 수집하고 국가, 인종, 성별로 다르게 관리하고 있다.

룰루랩의 데이터 수집 및 알고리즘은 계속 고도화되고 있다. lululab1.0이 AI 기반 피부분석 솔루션이라면, lululab2.0은 모바일 피부데이터 플랫폼, lululab3.0은 피부 질환 및 질병 예측을 목표로 한다. 룰루랩은 센서를 활용하지 않고, 비전 기반 영상과 광학을 토대로 얼굴 데이터를 스캐닝하며, 기술 개발에만 약 350억 원을 투자했다. 특히 AI 분야 비중이 높다. 또 전체 인력의 60% 이상이 R&D 인력이며 삼성전자 출신의 석·박사들이 포함되어 있다. 이외에도 기술의 객관적인 증명을 위해 매년 특허등록과 논문 발표도 병행하고 있다. 룰루랩은 차별화된 기술력 확보 노력을 인정받아 CES에서 2019년부터 4년 연속 '혁신상'을 받았을 뿐만 아니라, 2002년에는 200억 원 규모 시리즈C 투자도 유치했다. 매출은 2020년 5억 원에서 2021년 65억 원으로 급증했다.

룰루랩의 비즈니스 모델은 B2B와 B2C로 구분된다. B2B 사업에는 루미니 SDKLUMINI SDK가 있다. SDK는 소프트웨어 개발 키트Software Development Kit를 뜻한다. 그 외 누구나 쉽게 스스로 피부를 측정하고 정확한 피부 분석 및 제품 큐레이션 서비스 체험이 가능한 셀프서비스 솔루션 루미니키오스크LUMINI KIOSK, 피부질환 AI 솔루션과 DTX(디지털의료기기) 디지털 헬스케어 사업이 있다. 루미니키오스크는 현재 행복한백화점, AK플라자, LG생활건강, 롯데애비뉴엘, 아미코스매틱 등에서 볼 수 있다.

B2C 사업은 루미니홈LUMINI HOME, 루미니앱LUMINI APP이 있다. 루미니홈은 AI 기술을 기반으로 피부를 진단하고, 뷰티 디바이스가 연동되는 제품으로, 집에서 피부 관리가 가능하다. 루미니앱은 필더스킨Feel

그림 2 | 필더스킨 앱

자료: 룰루랩

The Skin이다. (그림 2)

룰루랩 제품은 고객에게 피부측정과 분석을 통해 솔루션을 추천해주는 형태이다. 피부측정은 AI가 자동으로 얼굴을 스캔하여 얼굴 나이를 예측하며, 룰루랩의 특수 조명 및 보정기술이 활용된다. 피부분석은 딥러닝 기반의 AI 기술을 활용하여 7가지(트러블, 피지, 모공, 주름, 색소침착, 붉은기, 다크서클) 항목의 피부점수를 제공한다. 마지막으로 솔루션 추천은 빅데이터 기반으로 피부 분석 결과에 따라 소비자 피부에 적합한 화장품이나 시술을 제안한다. (그림 3)

룰루랩은 정보통신산업진흥원의 '2023 AI 바우처 지원사업'에 공급기업으로 참여하기도 했다. 또 LVMH 그룹은 룰루랩의 분석 솔루션을 다국적 뷰티 유통 브랜드 세포라를 시작으로 도입을 추진 중이다. 세포라는 전 세

그림 3 | 룰루랩의 피부측정, 피부분석, 솔루션 추천

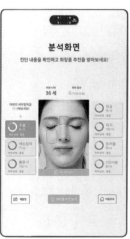

자료: 룰루랩

계 36개국에 3,000여 개 매장을 보유 중이다. 이외에도 연세암병원 흉터성 형레이저센터와 '피부 AI 뷰티 연구센터'의 성공적인 운영과 협력 강화를 위한 MOU를 체결하기도 했다. 최용준 대표는 "회사의 AI CRM 시스템은 실제 환자 진료에서 임상 연구에 이르기까지 병원 환경에 최적화된 솔루션으로 K-메디컬의 우수성을 알리는 도구가 될 것"이라고 말했다.[4] 해외에서도 AI CRM은 성과를 내고 있다. 룰루랩은 베트남 하노이의과대학 산하 종합병원에 '루미니키오스크'와 병원관리용 CRM 시스템을 공급했다

룰루랩은 피부측정과 분석을 넘어서 피부 데이터를 기반으로 질환을 예측할 수 있는 방법을 개발 중이다. 예를 들어 사람의 영상 분석을 통해 알츠하이머를 사전에 발견하는 방법이다. 이를 통해 뷰티에서 이제는 디지털 헬스케어로 사업 영역을 확장하는 것이 목표이며, 이를 위해 디지털 의료기기를 개발 중이다. 앞으로 룰루랩은 피부데이터를 1억 건 이상 수집해 룰루랩 솔루션을 글로벌 표준으로 만들려고 한다. 최용준 대표는 "체중을 관리할 때 인바디를 측정하듯 피부관리를 할 때도 누구나 룰루랩 솔루션을 이용하도록 스탠더드화하겠다. 10년 뒤에는 수집된 고객데이터 분석을 통해 질병 예측과 건강관리 솔루션까지 제공할 수 있을 것"이라고 말한다.[5]

2장

초개인화된 AI 서비스로
사업의 다각화

모아이스

스포츠 산업의 디지털 전환은 시작 단계지만 전망은 밝다. 글로벌 시장조사기관 얼라이드마켓리서치에 따르면, 세계 스포츠 AI 시장 규모는 2022년 기준 22억 달러에서 2032년 연평균 29.7% 성장해 297억 달러까지 커질 것으로 전망된다.[1] 스포츠 산업과 관련된 다양한 이해관계자들은 디지털 기술을 스포츠에 전환해 신규 수익원 창출을 위해 노력하고 있다. (그림 1)

디지털 기술은 선수 선발과 전술, 훈련 방법과 장비, 판정 및 판독, 마케팅 등 스포츠 전 분야에 걸쳐 적용되고 있다. 예를 들어, 올림픽 공식 타임키퍼인 오메가는 AI 기반 컴퓨터 비전 기술을 파리 올림픽에 도입했다.[2] 이를 통해 선수들의 움직임을 실시간으로 추적해 3D로 재현해냈다. (그림 2)

컴퓨터 비전 기술은 AI 카메라 시스템을 활용, 선수들을 실시간으로 추적하여 3D로 재현해내는 기술을 말한다. 이 기술을 활용하면 단일 혹은 다중 카메라를 이용해 실시간으로 경기 데이터를 추출한 후, 정확한 승패는

그림 1 | 스포츠 산업의 디지털 전환

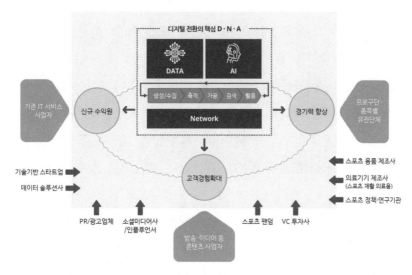

자료: 딜로이트, 승리의 열쇠 디지털: 스포츠 산업의 디지털 전환, 2023

그림 2 | 파리 올림픽 장대높이뛰기에 적용된 AI 기반 컴퓨터 비전 기술

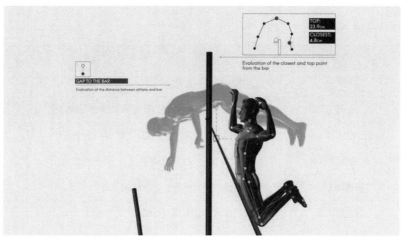

자료: 오메가

물론 경기의 세부적인 과정까지 분석할 수 있다. 장대높이뛰기에서는 선수와 바 사이에 얼마나 많은 공간이 남았는지 자동으로 측정되고 움직임이 정밀 분석된다. 또한 체조 등 심판의 육안으로 분간하기 어려운 복잡한 동작이 많은 경기에서는 회전수 및 동작의 정확성, 속도 등을 판단하여 판정에 도움을 준다. 이처럼 AI 기술을 통해 올림픽에서 더 객관적이고 공정한 평가 및 판정을 할 수 있게 되었다. 이런 스포츠 테크 관련 업체는 모아이스외 솔티드, 비프로컴퍼니, 큐엠아이티, 에스에스티컴퍼니, 큐링이노스, 픽셀스코프 등 다양하다.[3](표 1)

모아이스는 AI 코칭과 동작 인식 기술을 바탕으로 골프 코칭 앱 서비스를 제공하는 회사다. 현재 골프 스윙 자세를 실시간으로 코칭해주는 AI 기반 골프 스윙 분석 앱 서비스 골프픽스Golf Fix를 운영하고 있다. 유저가 자신의 스윙을 직접 촬영해 올리면 몇 초 만에 스윙을 자동 분석해 실시간으로 피드백을 해준다. AI 기반의 빅데이터 분석을 통해 스윙의 문제점을 진

표 1 | 국내 스포츠 체크 스타트업

구분	설립연도	사업 개요
모아이스	2019년	AI 기반 골프 코칭 플랫폼
솔티드	2015년	체형 교정을 도와주는 스마트 깔창
에스에스티컴퍼니	2020년	3D 모션 캡처 기반 동작 분석
비프로컴퍼니	2015년	AI 기반 축구 경기 영상 분석
큐엠아이티	2018년	운동선수 관리 시스템
큐링이노스	2021년	AI 테니스 로봇
픽셀스코프	2018년	AI 기반 스포츠 중계 플랫폼

단한 후 추천 영상을 제공한다. 모아이스의 이용근 대표는 "오프라인 골프 개인 레슨은 체계적이지 않고 남이 찍어준 동영상으로 자세를 바로잡는 것도 한계가 있다"고 말한다. 4)

기술로 스포츠의 미래를 혁신합니다.

2019년에 설립된 모아이스는 30억 원 규모의 시리즈A 투자를 유치했다. 아직은 사업 초기라 다른 AI 기업 대비 규모나 성과 측면에서 부족해 보인다. 하지만 국내 스포츠 분야에서 AI를 활용한 기업이 많지 않다는 측면에서는 의미가 있다. 모아이스는 지능정보산업협회AIIA가 선정하는 2024 이머징 AI+X 톱 100 스포츠 분야에 선정되었다. AI 반도체, LLM, 헬스케어, 제조, 모빌리티 등 다른 분야 대비 스포츠 분야는 모아이스가 유일하다.

모아이스는 2023년에 신용보증기금의 혁신 스타트업 보증지원 제도인 '퍼스트펭귄' 기업으로 선정되기도 했다. 모아이스가 운영 중인 골프픽스는 누적 다운로드 수가 70만 건, 골프 자세 분석 건수는 1,000만 건 이상이다. 특히 해외 이용자 비중이 60% 이상이다. 미국의 골프 전문 매체는 골프픽스를 '최고 앱'으로 선정했다. 미국은 골프 레슨에 대한 접근성이 낮기 때문이다. 이용근 대표는 "미국의 경우 레슨을 받으려면 2~3시간 차를 타고 가야 한다. 비용도 한국보다 3~4배 비싸다. 그래서 보통 차고지에 그물을 만들어 혼자 연습하고 친구나 부모에게 조언을 구한다"라고 말한다. 5)

모아이스는 2차원/3차원 자세 인식 기술, 딥러닝 모델 경량화 기술, 골프 진단 알고리즘 등을 통해 유저들에게 초개인화된 솔루션을 제공한다. (표 2)

골프픽스와 유사한 서비스는 2차원 관절 분석으로 진단 결과의 신뢰도가

표 2 | 모아이스 핵심 보유 기술

구분	세부 내용
2차원/3차원 자세 인식 기술	• 모션 블러, 역광, 꼬인 동작 등 고난이도 영상도 정확한 인식이 가능한 딥러닝 기반의 2차원 자세 인식 기술 • 단일/복수 카메라에 모두 적용 가능한 딥러닝 기반의 마커리스 3차원 자세 인식 기술 • 데이터 수집, 가공, 모델 개발, 최적화, 적용까지 모든 부분을 자체 개발 및 최고 수준의 정확도 보유
딥러닝 모델 경량화 기술	• 정확도를 유지하면서 딥러닝 모델을 경량화하기 위해 모델 양자화 기술과 디바이스 최적화 기술 • 실시간 AI 진단이 가능하여, 인공지능 코치의 피드백을 실시간으로 받는 것이 가능
골프 진단 알고리즘	• AI, 영상 처리, 빅데이터 기술을 조합하여 약 50가지 스윙의 문제점을 정확히 진단 가능한 분석 기술 • 딥러닝 기반의 스윙 플레인 영상 분석 기술을 통해 슬라이스, 훅, 생크가 발생하는 원인들을 진단

자료: 모아이스

낮고 클럽도 추정이 불가능하다.⁶⁾ 반면, 골프픽스는 정확도가 높은 2차원 관절 추정 기술, 클럽 위치 추정 기반의 문제점 진단이 가능하다. 그래서 모아이스는 타사 대비 8배 이상 많은 문제점을 진단할 수 있다. 이외에도 골프픽스는 스마트폰 내에서 스윙 진단이 가능해 빠르게 진단 결과를 받아볼 수 있다.

골프픽스는 AI 스윙 진단, 스윙 통계와 상세 분석, 집중 연습, 인생샷 만들기 등의 서비스를 제공한다. AI 스윙 진단은 직접 촬영부터 보유한 영상을 진단받는 불러오기까지 가능하며 통신 환경에 관계가 없다. 또 스윙 통계와 상세 분석은 AI 자동 보조선 검출과 같은 기능으로 스윙 분석이 가능하며, 최적화된 알고리즘을 통한 추천 레슨 영상 시청이 가능하다. 집중 연

그림 3 | 골프픽스의 AI 스윙 진단, 스윙 통계와 상세 분석

자료: 모아이스

습은 고치고 싶은 연습 테마를 선택한 후 집중적으로 반복 연습을 해볼 수 있다. (그림 3)

　모아이스는 최근 100억 원 규모의 펀딩을 계획하고 있다. 뿐만 아니라 사업다각화도 추진 예정이다. 고객 측면에서는 소비자에게 서비스를 제공하고 있지만, 골프연습장, 골프 관련 기기 업체에도 솔루션을 판매하려고 한다. 또한 적용 분야 측면에서 보면, AI 기반의 신체 동작 분석 기술을 보유하고 있어 골프 외 권투, 테니스, 태권도, 다이빙 등 다른 스포츠 분야에도 적용할 계획이다. 실제로 모아이스는 국가대표 다이빙 선수에게 다이빙 분석 솔루션도 제공했다.[7] 이를 기반으로 모아이스는 초개인화된 AI 솔루션 고도화뿐 아니라 골프 인구가 많은 일본, 유럽에 대한 공략도 가속화할 예정이다.

3장

제품 검색·추천부터 상담까지
AI 고객 경험의 실현

플래티어

플래티어는 2005년 설립된 B2B 기반의 디지털 플랫폼 솔루션 기업이다. 창업자 이상훈 대표는 현대정보기술, 웹플랫폼 구축 기업에서 경력을 쌓았다. 재직 중이던 기업이 경영난에 빠지면서 2005년 등 떠밀리다시피 '시스포유I&C'를 창업했다.[1] 이커머스 시장의 성장과 함께 경쟁도 심화되었지만 이를 잘 이겨냈다. 그 후 2020년 디지털 전환이 이슈가 되면서 IPO도 하고 사명도 바꾸면서 현재에 이르렀다. 코로나 때는 이커머스 수요가 폭발하면서 플래티어 또한 급성장했지만 지금은 주춤한 상태다.

플래티어는 이커머스 플랫폼 개발 경험을 기반으로 현재는 AI 기반 마케팅 및 데이터 솔루션 사업을 진행 중이다. 세부 사업을 보면, 이커머스 분야에서는 이커머스 구축, 운영 및 관리, AI 마테크에서는 AI 기반 개인화 마케팅 SaaS 솔루션(그루비, 그루비데이터통합서비스), 디지털 전환에서는 데브옵스, ITSM/ESM 등이 있다. 생소한 용어인 '마테크'는 마케팅Marketing과 테

표 1 | 플래티어 사업 영역

구분	세부 분야	제품 및 서비스
이커머스	이커머스 구축	기업형 맞춤 제작, X2BEE, X2BEE Cloud, X2BEE AI, X2BEE NFT
	이커머스 운영/관리	유지보수 라이선스 솔루션, 운영·관리
AI 마테크	AI 기반 개인화 마케팅 SaaS 솔루션	그루비, 그루비데이터통합서비스
디지털 전환	데브옵스	데브옵스 툴 체인, Agile 교육 / 컨설팅·코칭, 전문 엔지니어
	ITSM/ESM	JSMJira Service Management 기반 플래티어 통합 플랫폼

자료: 플래티어
*ITSM: IT 서비스 관리IT Service Management, ESM: 엔터프라이즈 서비스 관리Enterprise Service Management

크놀로지Technology의 합성어로, 기술적인 마케팅을 가능하게 하는 응용 프로그램 및 플랫폼, 또는 이러한 툴을 활용한 방법을 의미한다. (표 1)

플래티어는 앞서 본 사업을 기반으로 2021년 8월 상장했고 2023년 매출은 약 330억 원이다. 이커머스와 AI 마테크의 매출이 80%에 달한다. 2024년 기준 직원 수는 약 280명이며, 개발자 비중이 80% 정도로 높다. 플래티어의 솔루션은 크게 엑스투비X2BEE와 그루비groobee가 있다. 엑스투비는 중대형 제조사 및 브랜드를 타깃으로 한 D2CDirect to Consumer 플랫폼 구축 모델이다. 그루비는 인공지능과 빅데이터 기술을 활용하여 개인화 마케팅을 지원하는 SaaS형 제품으로, 300여 개 고객사를 통해 얻은 경험 및 노하우를 바탕으로 고객의 성공적인 마케팅을 지원한다.

플래티어의 이런 역량 때문에 지능정보산업협회 주관 '2024 이머징 AI+X

그림 1 | 플래티어 세부 사업 현황

이커머스 E-Commerce	AI 마테크 AI MarTech	디지털 전환 Digital Transformation
기업형 맞춤 제작: 대형 이커머스 플랫폼 구축/운영 - 기업 맞춤형 이커머스 턴키 서비스 - 시스템 컨설팅/설계 및 플랫폼 제작 및 운영 등 이커머스 전 영역 서비스	**그루비(groobee): 마 개인화 마테크 솔루션** - AI 및 실시간 빅데이터 처리 기술 기반의 타겟팅/추천/메시징 등 개인화 마케팅 지원 솔루션 - 빠른 도입과 실행이 가능한 SaaS 방식 서비스 - LLM 기반 생성형 AI 검색 기능 출시(2024년 10월)로 검색/추천에 더해 검색 결과 요약과 추천 이유까지 차별화된 서비스 제공	**데브옵스(DevOps): 개발과 운영의 유기적 결합** - 기업의 디지털 전환 및 협업 프로세스 구축을 위한 설치, 설계/구축, 운영/지원 종합 서비스 제공 - 계획-코딩-테스트-배포 등 주요 기능을 유기적으로 통합한 일련의 자동화 과정을 설계/구축 - 아틀라시안(Atlassian), 퍼포스(Perforce), 트리센티스(Tricentis) 등 글로벌 파트너의 검증된 솔루션을 제공하는 SW툴체인 구현
엑스투비(X2BEE): D2C 이커머스 솔루션 - 합리적 비용에 빠른 구축이 가능한 최신 커머스 기술 기반의 자사몰 구축 솔루션 - 구축 규모 및 커스터마이징 요건에 따라 차별화된 라인업 제공(스타터, 프로, 엔터프라이즈)	**데이터 통합 서비스: 데이터 통합/분석 대시보드 서비스** - 그루비 웹/앱 행동 데이터와 고객사의 다양한 이종 소스 데이터를 통합 - 주요 지표 및 성과 데이터를 대시보드 형태로 제공 - 고객 성향과 의도를 파악해 영업/마케팅 전략 강화	**ITSM/ESM: 빠르고 쉬운 디지털 혁신** - 아틀라시안의 JSM 기반으로 당사 특화 기능 도출을 추가해 국내 환경에 최적화된 ITSM 솔루션 제공 - 플러그인 방식의 자체 ESM 솔루션 개발로 특화된 기능과 서비스 제공
엑스투비 클라우드: 구독형 이커머스 솔루션 - 월 과금 형태의 엑스투비 구독형 모델 - 클라우드 비용, 개인화 마케팅 비용 및 운영비 모두 포함된 올인원 솔루션		
엑스투비 AI: 커머스를 혁신하는 AI-Powered 솔루션 - 커머스에 최적화된 AI 기술 활용 - 고객 쇼핑 경험 극대화: 검색, 챗봇 등 - 운영 생산성 향상: 코드 어시스턴트, 통합 CS 등 - 마케팅 창작 도구: 카피라이터, VCAT.AI 등		

자료: 플래티어 IR 자료, 2024

톱 100'에 선정되기도 했다. 플래티어는 2,000여 곳의 후보 기업 중 혁신적인 AI 서비스 제공 및 AI 분야 대규모 투자 진행 등의 성과를 인정받아 3년 연속 선정되었다. (그림 1)

특히 플래티어는 AI 대전환이라는 트렌드에 대응하기 위해 "이커머스 운영을 자동화하는 솔루션을 만들자!"라는 꿈을 가지고 엑스투비 AI 프로젝트를 시작했다.[2] D2C 환경에 최적화된 커머스 전용 AI인 '엑스투비 AI'를 개발했다. 엑스투비 AI는 AI 검색AI Search, AI 가상 피팅, AI 챗봇을 통해 고객의 쇼핑 경험을 극대화해준다. 뿐만 아니라 이커머스 운영을 최적화하고 AI 카피라이터, AI 광고 소재 제작을 통해 이커머스의 핵심인 마케팅의 생산성도 높여준다. 현재 각 기능들은 R&D 혹은 베타Beta 단계인 것도 있지만 플래티어는 이를 통해 이커머스 운영에 실제로 활용할 수 있는 액셔너블Actionable AI를 구현하고 있다.

예를 들어 AI 검색은 정확한 상품명을 입력하지 않아도 원하는 상품을 쉽게 검색할 수 있으며, 이미지 한 장으로도 원하는 상품 검색이 가능하다. AI 챗봇은 고객의 질문을 정확히 이해하고 스스로 문제를 해결한다. 주문

그림 2 | AI 기반 시맨틱 검색과 이미지 검색

자료: 플래티어

그림 3 | 엑스투비 AI 체험 페이지

자료: 플래디어

내역, 배송 상태, 상품 변경, 취소, 교환, 반품, 쿠폰 조회 등을 AI 챗봇으로 할 수 있다. 고객의 질문을 정확히 이해하는 것은 물론, 실제 상담원과 대화하는 것처럼 자연스럽고 매끄러운 대화 경험을 제공한다. AI 가상 피팅은 고객이 자신이 선택한 패션 상품을 가상으로 착용해볼 수 있다. 그러면 고객이 제품을 착용한 자신의 모습을 온라인상으로 확인할 수 있어 기업은 매출 증가 혹은 반품률 감소를 기대할 수 있다. (그림 2, 3)

이커머스 개인화 마케팅을 위한 단 하나의 솔루션,
그루비는 고객 개인화 여정에 필요한 모든 기능을 제공합니다.

그루비는 2023년 사용자 검색어에 담긴 의도를 파악하여 관련성 높은 상품을 찾아내 추천하는 기술 특허를 등록했다. 이 기술은 상품 특성을 태그를 통해 관리하던 기존 검색과 달리, 감성어나 형용사적 표현에도 연관된 상품을 추천을 해준다. 구체적인 상품 정보가 없어도 AI가 고객의 검색 의도를 파악해 상품을 추천한다. 예를 들어 '세련되어 보이는 바캉스룩'을 검색하면 맥시 드레스, 캐주얼한 쇼츠, 비치 원피스 등의 상품을 추천한다. '날씬해 보이는' 같은 식의 스타일 표현 검색 요청에도 슬림 부츠컷, 스키니 진, 슬림 팬츠 등 입력한 단어와 연관된 스타일의 상품 추천이 가능하다.[3] 이상훈 대표는 "챗GPT를 비롯한 AI 기술은 우리가 상상하는 것 이상으로 빠르게 발전하고 있습니다. 이를 이커머스 등 비즈니스에 녹여낼 수 있어야 위너가 될 것입니다"라고 말한다.[4] (표 2)

플래티어는 특허 기술을 활용해 2024년에 그루비에 LLM 기반 '생성형 검색 서비스'를 출시했다. 이 서비스는 "겨울에 입기 좋은 30만 원대 검은색

표 2 │ 기존 검색 VS. 생성형 AI

구분	기존 검색 서비스	생성형 AI
검색 방식	키워드 기반	일상 언어(문장형 또는 대화형)
검색 결과	규칙 기반의 결과 제공	고객의 질문에 따른 결과 제공
정확성	키워드와 상품 데이터의 매칭 수준	고객 의도의 파악 수준
편의성	검색 후 상품을 찾아야 하는 번거로움	상품 탐색 시간 절약
개인화 수준	낮음	높음

자료: 플래티어

패딩 추천해줘"와 같은 구체적인 요구 사항에 대해서도 사용자 검색 의도를 분석해 알맞은 상품을 추천한다. 사용자의 불필요한 검색을 최소화하고, 검색 결과 요약과 이유를 제공한다. (그림 4)

그루비는 이처럼 고객의 의도를 파악하는 기술로 기능이 고도화되고 있다. 그루비의 '취향 분석 세그먼트' 기능 또한 그루비AI와 챗GPT를 결합해 쇼핑몰 방문 고객 취향을 예측하고 그룹화해준다. 그루비AI가 고객의 행동패턴 관련 데이터를 수집하고 분석해 고객을 그룹화하면, 챗GPT가 그룹별 취향을 설명하는 네이밍과 상

그림 4 │ 그루비 LLM 기반 생성형 검색 서비스

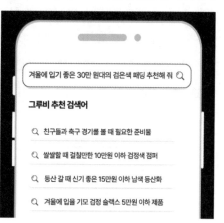

자료: 플래티어

그림 5 | 취향 분석 세그먼트

세 내용을 생성한다. 예를 들어, 의류 쇼핑몰에서는 클래식한 우아함을 선호하는 집단, 상큼 바캉스룩, 스포츠 브랜드 감성 컬렉션 등으로 세그먼트가 자동으로 분류·생성된다. (그림 5)

커머스 시장에서 이 같은 생성형 AI 도입은 시장에 큰 변화를 일으킬 수 있고 소비자들 또한 생성형 AI에 대한 관심이 높다. 2023년 BCG 설문조사 결과를 보면, 소비자들은 생성형 AI 기반 대화형 커머스에 대한 관심이 기존 대화형 커머스보다 2~3배 높았다. (그림 6)

생성형 AI를 통해 기존의 온라인 채팅 세션은 보다 실질적인,
일명 '대화형 커머스'로 진화할 수 있다.[5]

그림 6 | 기존 챗봇과 생성형 AI 대화형 커머스 관심도

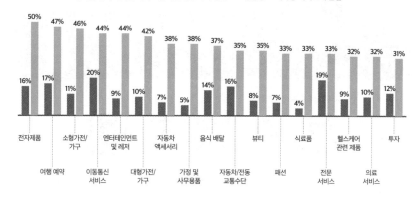

자료: BCG, The Chatbot Is Dead—Long Live the Chatbot, 2023.12.15

월마트나 구글 등 글로벌 기업들은 생성형 AI 기반 대화형 커머스를 이미 도입하고 있다. 월마트는 고객이 챗봇과의 대화로 물건 주문, 결제가 가능하고 배송 시간대를 선택할 수 있도록 지원해주는 쇼핑 도우미 서비스인 텍스트투샵Text to Shop을 2023년에 출시했다. 구글도 고객 대상으로 생성형 AI 기반 가상 피팅 서비스를 제공하고 있다.[6]

최근 플래티어는 공공 온라인 쇼핑몰인 우체국쇼핑에 그루비를 적용했다. 그루비 도입 후, 우체국쇼핑 사이트에는 'Ai 추천관' 카테고리가 개설되어 고객 맞춤형 상품 추천 서비스가 제공된다. 이 카테고리에서는 머신러닝 및 딥러닝 AI를 활용한 맞춤형 상품, 고객 구매 이력과 관심사에 최적화된 상품을 제안한다. 또 다른 사람이 함께 본 상품, 지금 인기 있는 상품, 다른 사람이 함께 담은 상품 등 고객 취향 및 관심사에 기반해 다양한 맞춤 상

그림 7 | 우체국쇼핑에 적용된 그루비

자료: 우체국쇼핑 홈페이지

품을 볼 수 있다. 그루비는 현재 롯데홈쇼핑, 한섬, 신한카드, 케이카, 휠라, 에이치와이, 제이에스티나 등 다양한 이커머스 플랫폼에 적용되고 있다.(그림 7)

4장

글로벌 시장 진출에 박차를 가하는
디지털 헬스케어

의료 분야는 상대적으로 디지털 성숙도가 낮다. 전문 분야이기도 하지만 사람의 생명과 직결되어 있기 때문에 기술력만큼이나 기술의 신뢰도가 중요해서다. 실제로 삼일PwC의 분석에 따르면 미디어, 호텔·여행·레저, 통신 등 일반 소비재 분야는 디지털 성숙도가 높은 반면, 의료 분야는 농업 분야보다도 낮다.[1)](그림 1)

하지만 코로나 이후, 의료 분야는 빠르게 디지털화되면서 빅데이터, AI 등의 기술을 활용한 사업 모델(디지털 헬스케어)들이 빠르게 확장하기 시작했다. 예를 들어, 액체생검 플랫폼 전문기업인 아이엠비디엑스가 있다. 액체생검은 혈액, 타액, 소변 등에 존재하는 핵산 조각을 분석해 암과 같은 질병의 진행을 실시간으로 추적하는 기술이다. 의료용 웨어러블 디바이스(심전도 측정기) 기업인 휴이노도 있다. AI 의학 솔루션 개발 기업인 뷰노는 AI 기반의 심정지 예측 의료기기인 뷰노메드 딥카스를 보유하고 있다. 이 제

그림1 | 산업별 디지털 성숙도

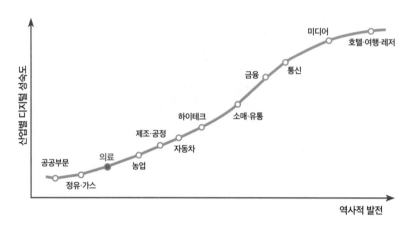

자료: 삼일PwC경영연구원, 디지털 헬스케어의 개화, 2022.7

품은 환자의 활력징후를 분석해 24시간 안에 심정지할 가능성을 숫자로 보여준다.

디지털 헬스케어는 사례로 든 기업의 제품이나 서비스를 보면 알 수 있듯이 건강관리를 위해 디지털 기술을 활용한 ICT 융합 의료 서비스다. 기존 의료 분야가 질병이 발견되면 치료를 받는 것에 초점을 두는 대응적이고 사후적인 성격이라면, 디지털 헬스케어는 능동적이고 선제적이다. 디지털 헬스케어는 실시간으로 사람의 생체활동을 모니터링해 개개인의 특성에 적합한 질병의 치료와 예방을 목적으로 하는 맞춤 서비스가 목표다. (그림 2)

메디픽셀도 인공지능을 활용해 심혈관 질환을 진단·치료하는 의료기기 소프트웨어Software as a Medical Device, SaMD를 제공한다. 심혈관 질환은 국내에서 사망률이 높은 질환 중 하나다. 2021년 질병관리청에 따르면, 심장질

그림 2 | 헬스케어 패러다임의 변화

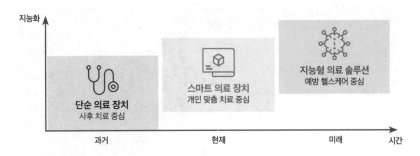

자료: 삼일PwC경영연구원, 디지털 헬스케어의 개화, 2022.7

환은 암을 제외하고는 만성질환 중 사망률이 가장 높은 것으로 나타났다. 인구 10만 명당 61.5명이 심장질환이다.

메디픽셀은 2017년부터 심혈관 중재시술 분야에 집중하여 연구하고 있습니다. AI 기술을 통해 보다 더 빠르고 정확한 실시간 분석 솔루션을 제공하는 서비스와 제품을 만들어 나가고 있습니다. 앞으로도 메디픽셀은 심혈관 중재시술의 발전과 전 세계인의 삶의 질을 향상시키기 위해 나아갈 것입니다.

현재 메디픽셀은 심혈관 중재 시술과 관련해서 집중 연구하고 있는데, 이것은 비수술적인 시술이다. 심혈관질환 치료에서 마지막 보루가 심혈관 중재 시술인데, 국내에서는 연간 30만 건, 전 세계적으로는 1,000만 건 이상이 진행된다.[2] 이를 위한 메디픽셀의 대표 제품이 바로 AI 심혈관 질환 진단 보조 솔루션인 '메디픽셀 엑스레이 앤지오그래피MPXA'다. (그림 3)

그림 3 | MPXA 솔루션 시연 화면

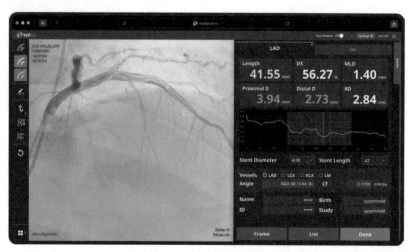

자료: 메디픽셀

　보통 이 시술을 할 때는 심혈관 조영영상 이미지를 보면서 혈관 협착 정도를 판단한다. 하지만 시술장 내에서 의사의 육안 평가는 정확도나 편차가 존재한다. 이를 위한 소프트웨어는 이미 존재한다. 하지만 시술장 밖에서 소프트웨어 활용 시에도 의사의 사전 수작업이 필요해 제약이 따랐다.

　메디픽셀의 MPXA는 이런 불편을 해소해준다. MPXA는 AI 엔진을 활용하여 조영영상 이미지를 분석해 정확한 수치를 의사에게 제공하고 시술현장에서 실시간으로 활용이 가능하다. 예를 들어 심혈관 내 병변의 존재 여부, 병변 정보와 협착 정도를 수치화해 최적의 스텐트를 추천해 의사의 진단을 보조해준다. 특히 단 2초 만에 혈관 분할과 병변 분석이 가능하다. 가능한 이유는 메디픽셀이 이미 1만 장 이상 조영영상 이미지를 학습해 혈관·혈류 분할 성능을 보유했기 때문이다. MPXA의 분석 속도는 지멘스 심혈

관 조영촬영기보다 빠르다. 지멘스는 3~5분이 걸린다. 3)

메디픽셀이 디지털 헬스케어 분야이기 때문에, CEO가 의료 분야 전문가라고 생각할 수 있다. 하지만 메디픽셀의 송교석 대표는 IT 엔지니어 솔루션 분야다. 그는 고려대학교에 이어 미국 카네기멜론대학교에서 컴퓨터 사이언스 석사 학위를 취득했다. LG전자, 동양시스템즈, 안랩 등에서 엔지니어 커리어를 쌓아왔고, 2006년에는 안랩 1호 사내벤처 팀장, 2010년에는 노리타운스튜디오라는 별도 법인의 대표이사를 역임하기도 했다.

이런 그가 2017년 메디픽셀을 창업한 이유는 2016년 구글의 알파고를 보면서 AI를 공부하기 시작했고 공부를 하면서 의료 AI에 관심을 갖게 되었기 때문이다. 창업 초기 의료진으로부터 의료 AI 사업의 아이디어를 얻어 MPXA를 개발했다.

창업 초기에 운 좋게 병원 의사들과 자문할 기회가 많았다. 의료진의 니즈 중 대표적인 게 바로 시술 도중에 심혈관 형태 진단을 정량화해주는 소프트웨어가 필요하다는 것이었다. 기존 제품은 정량화하는 데 시간이 너무 오래 걸려서 시술 도중이 쓸 수가 없다고 했다. 4)

메디픽셀이 집중하고 있는 디지털 헬스케어 시장은 앞으로도 성장 가능성이 높다. 시장조사 업체 GIAGlobal Industry Analysts에 따르면, 글로벌 디지털 헬스케어 시장은 2020년 1,525억 달러에서 2027년 5,088억 달러 규모에 달할 것으로 전망한다. 연평균 성장률은 18.8%로 높다. (그림 4)

MPXA는 2021년 식약처에 이어 2023년 미국 식품의약국FDA 인증을 획득했고 누적투자금 280억 원 이상이다. 주요 투자처로는 쿼드자산운용, 데

그림 4 | 디지털 헬스케어 글로벌 시장 현황 및 전망(단위: 십억 달러)

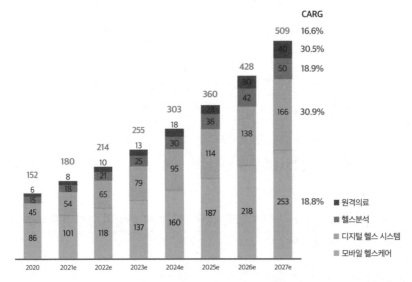

자료: GIA, 한국보건산업진흥원, PwC

일리파트너스, 프리미어파트너스, 컴퍼니케이파트너스, IMM인베스트먼트, SBI인베스트먼트, IBK기업은행 등이 있다.

대내외적으로도 메디픽셀은 많은 성과를 올렸다. 2023 국내 이머징 AI+X 톱 100, 2024 포브스코리아 AI 50, KGCCI 이노베이션 어워드 등에 선정되었고, 351개 팀이 참가한 국제 의료영상 컴퓨팅 및 인터벤션 학술대회MICCAI의 심혈관 분야 의료 AI 알고리즘 경진대회ARCADE에서 1등을 차지했다. 특히, 메디픽셀은 CB인사이트의 '2023 디지털 헬스Digital Health 50'에 선정되었는데, 국내 기업은 메디픽셀이 유일하다. (그림 5)

현재 메디픽셀은 차기 제품인 'MPFFR' 개발에 몰두하고 있다. MPFFR은

그림 5 | CB인사이트 2023 디지털 헬스 50

자료: CB인사이트, 2023

영상만으로 관상동맥의 혈류예비력Fractional Flow Reserve, FFR을 측정하는 기술이다. 메디픽셀은 "기존 압력철선을 사용하는 침습적 FFR 측정 방식에 비해 환자와 의사의 부담을 크게 줄이면서도 정확한 진단이 가능하다"고 한다. 뿐만 아니라 메디픽셀은 R&D 역량 강화와 글로벌 시장 확대를 위해 IPO도 준비 중이다.

글로벌 시장 진출을 위한 기반도 이미 마련하고 있다. 메디픽셀은 인도 의료장비 기업인 인볼루션과 유통 계약을 하고 현지 시장을 공략하고 있다. 인볼루션은 심혈관 분야 의료장비와 솔루션을 공급하는데, 인도 5대 심

장내과 의료기기 기업이다. 메디픽셀은 인볼루션과 3년간 MPXA-2000의
라이선스 구매와 현지 유통망 계약을 450만 달러 규모로 체결했다.

5장

정확도와 신뢰도를 높여가는
의료 AI 솔루션

뉴로핏

뉴로핏은 2016년에 설립되었다. 뉴로라는 회사명에서도 알 수 있듯이 '뇌'와 관련된 솔루션을 개발하는 기업이다. 뉴로핏은 AI 기반의 뇌 영상 분석 솔루션을 통해 뇌질환과 관련한 진단, 치료 가이드, 치료 등을 지원한다. 뉴로핏은 광주과학기술원 출신의 빈준길 대표가 맡고 있다. 그는 CTO 출신의 김동현 공동대표와 함께 뉴로핏을 창업했다. 빈준길 대표는 광주과학기술원에서 2015년부터 뇌의 MRI 영상을 활용해 뇌를 컴퓨터로 복원하는 연구를 해왔다. 김동현 공동대표도 같은 연구실 소속이었다. 두 대표는 AI가 알츠하이머 같은 뇌질환 치료에 도움이 된다고 생각하고 창업했다.

빈준길 대표는 "AI는 치료제를 사용한 이후 알츠하이머병의 원인인 아밀로이드의 변화를 추적하는 것은 물론, MRI와 PET 영상을 분석해 부작용 발생 여부까지 잡아낸다. 사실상 치료제 투약 전후의 모든 데이터를 비교·분석해주는 셈이다. 게다가 이 모든 걸 수치화해준다는 점에서 특별하다.

미세한 뇌출혈의 개수를 정확히 파악하고, 부종의 위치뿐 아니라 크기가 몇 cm인지까지 식별해준다"[1]고 말한다.

치매의 한 유형인 알츠하이머병은 기억력, 사고력, 판단력, 학습능력 등 정신기능이 쇠퇴하는 장애다. 미국은 65세 이상 인구 중 약 10%, 한국은 약 7%로 정도가 알츠하이머를 앓고 있다. 한국의 65세 이상 추정 치매 환자수는 2020년 84만 명에서 2050년 300만 명까지 증가할 것으로 전망된다. 국가 치매 관리 비용 또한 11.7조원에서 103.1조원으로 증가가 예상되어 뉴로핏의 전망은 밝다.(그림 1)

알츠하이머 관련 기술 기업은 뉴로핏 외에도 알츠하이머 예측을 위한 AI 기반 신경 영상 및 유전자 솔루션 개발 기업인 뉴로젠, 치매 전단계의 초기 알츠하이머병을 진단할 수 있는 AI 뇌파분석 솔루션 기업인 아이메디신 등이 있다.

이처럼 시장 전망이 밝은 뉴로핏은 세그엔진SegEngine 기술을 기반으로 창업 이후에 글로벌 스타트업 육성 프로그램에 선정되기도 했다. 필립스

그림 1 | 65세 이상 추정 치매 환자 수와 국가 치매 관리 비용 전망

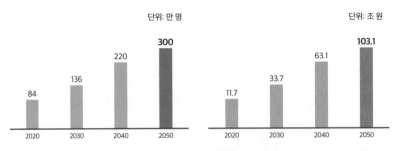

자료: 통계청, 중앙치매센터, 대한민국 치매현황 2020

글로벌 스타트업 육성 프로그램인 'AI 인 헬스케어AI in Healthcare 2018'이 대표적이다. 2023년에는 글로벌 헬스케어 선도기업인 로슈Roche와 글로벌 이노베이션 플랫폼 플러그앤플레이Plug and Play가 설립한 글로벌 스타트업 이노베이션 프로그램 '스타트업 크리스피어Startup Creasphere APAC 2023' 참여기업에 선정되었다. 정부지원 사업에도 참여했다. 치매 극복 연구개발사업, BIG3 혁신성장 지원사업, 치매 전자약 개발사업, 디지털 헬스케어 의료기기 실증 지원사업 등이 있다. 특히 질병관리청 국립보건연구원과 뇌질환 영상 분석 서비스 제공 계약을 체결했다.[2]

뉴로핏의 핵심 기술인 세그엔진은 초고속 뇌 분할 및 구조 분석 AI 기반의 뇌 MRI 분할, 정량 분석에 뛰어나다. 이 기술은 뇌를 97개 영역으로 구분해 뇌 영상을 3D로 구현해주고 뇌 구조 정보를 수치화해주는데, 인종·나이·성별에 상관없이 가능하다. 기존 뇌 영상 솔루션의 분석 소요 시간이 최소 8~24시간, 연산 실패율이 20%인 반면, 세그엔진은 이 시간을 1분 내외로 단축, 실패율도 0%에 가깝게 만들었다.[3] 이 기술은 세계 3대 MRI 기기 업체인 GE, 필립스, 지멘스 등 12개 모델과 호환이 가능하다. (표 1)

빈준길 대표는 "기존에도 이미징 CROContract Research Organization (임상시험

표 1 | 뉴로핏의 세그엔진과 하버드대의 프리서퍼 성능 비교

구분	뉴로핏 세그엔진	하버드대 프리서퍼
두개골 분할 여부	가능(머리 전체 분할 가능)	불가능(뇌만 분할 가능)
사용자 인터페이스	쉬움	어려움
파라미터 설정	자동	수동

자료: 뉴로핏

*프리서퍼FreeSurfer : 하버드의대에서 개발된 골드-스탠더드gold-standard 뇌분할 툴

수탁기관) 서비스는 있었지만 결국 사람이 하는 일이다 보니 인건비도 들고 분석 수행자의 역량에 따라 휴먼 에러도 있을 수밖에 없다. 뉴로핏의 강점은 사람이 할 경우 3~7일 정도 걸리던 분석을 하루 만에 끝낼 수 있다는 것, 실수를 줄여 분석의 품질을 끌어올릴 수 있다는 것"이라고 말한다.[4] 뉴로핏은 이런 기술력을 바탕으로 2024년 200억 원 규모의 시리즈C 투자를 유치했다. 이 투자에는 뉴로핏의 상장주관사인 미래에셋증권을 포함해 KB증권, 쿼드자산운용, 코오롱인베스트먼트, 프라핏자산운용, DB금융투자 등 10여 개 기관이 참여했다. 특히 코오롱인베스트먼트, 프라핏자산운용은 시

표 2 | 뉴로핏의 주요 제품

구분	세부 내용
뉴로핏 아쿠아	뇌 MRI에서 뇌 위축과 백질 변성을 분석하여 다양한 뇌질환의 감별 진단, 예후 예측을 보조해주는 소프트웨어 - 육안 평가만으로 감지하기 어려운 뇌 부피 및 백질 변성을 정량화하여 제공
뉴로핏 스케일펫	PET 영상을 사용하여 방사성 추적자로 표식된 바이오마커를 정량적으로 분석하는 소프트웨어 - PET 영상을 사용하여 방사성 추적자로 표식된 뇌 영상 바이오마커의 SUVR* 값을 분석해 주는 소프트웨어 *SUVR: Standardized Uptake Value Ratio, 표준섭취계수율
뉴로핏 테스랩	AI 기술 기반으로 뇌 MRI를 실제 뇌와 유사한 3D 뇌 모델로 형성하고 전기 자극 효과를 시뮬레이션해 치료 계획을 수립하는 소프트웨어 - 사람마다 다른 뇌 구조를 MRI를 통해 3D 뇌 모델로 형성하고 자극이 되는 전기장 분포를 물리적으로 정밀하게 해석
뉴로핏 잉크	뇌질환 환자들의 기능 회복과 재활에 도움을 주는 비침습형 뇌 전기 자극 기기 - 항우울증 약을 복용하는 우울증 환자의 주의력과 작업 기억 개선 및 뇌졸중 후 마비된 손가락 운동 능력을 개선하기 위해 재활 요법과 병행하여 사용

리즈B 투자에 이어 후속 투자를 진행했다. 현재 뉴로핏의 누적 투자유치금액은 500억 원 이상이다. 직원은 130여 명이며 R&D 인력은 약 70%에 달한다.

뉴로핏은 현재 뉴로핏 아쿠아Neurophet AQUA, 뉴로핏 스케일펫Neurophet SCALE PET, 뉴로핏 테스랩Neurophet tES LAB, 뉴로핏 잉크Neurophet innk 등이 있다. (표 2)

뉴로핏의 대표 제품인 뉴로핏 아쿠아는 약 1만 건 이상의 MRI를 학습해 뇌 MRI에서 뇌 위축과 백질 변성을 분석하여 다양한 뇌질환의 감별 진단, 예후 예측을 보조한다. 이 제품은 뇌 MRI를 AI 기술로 분석해 알츠하이머병 등 신경 퇴화 질환에서 관찰되는 뇌 위축과 백질의 변성을 분석하는 의료기기로 모든 인종, 나이, 성별에 상관없이 5분 만에 뇌 영상 분할 및 분석이 가능하다. [5]

예를 들어, 뇌 MRI를 완전 자동으로 구획화해 뇌 부피와 백질 변성 심각도에 대한 정량적 수치를 사용자 맞춤 분석 보고서로 제공한다. 이를 통해 육안 평가만으로 감지하기 어려운 뇌 부피 및 백질 변성을 정량화하여 임상의가 환자 진단 및 치료에 대한 확신을 갖고 의사결정을 내릴 수 있도록 해준다. (그림 2)

2024년에는 다발경화증 분석 기능이 추가된 뉴로핏 아쿠아가 FDA로부터 시판 전 신고인 510k 클리어런스Clearance를 받았다. 다발경화증은 뇌, 척수, 시신경으로 구성된 중추신경계에 발생하는 탈수초성 질환의 한 종류로 자가면역 염증 반응 및 신경퇴행성 손상으로 인해 수초가 손상되는 질환이다. [6] 북미나 유럽의 20~40세 백인에게서 빈번하게 발생한다. 동양인과 흑인은 상대적으로 발병률이 낮다.

그림 2 | 뉴로핏 아쿠아

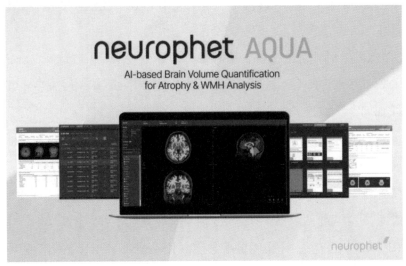

AI-based Brain Volume Quantification
for Atrophy & WMH Analysis

neurophet

자료: 뉴로핏

뉴로핏은 최근 퇴행성 뇌질환 치료제 개발 바이오 기업 아리바이오와 '차세대 알츠하이머 진단 플랫폼'을 공동 개발하고 있다. 알츠하이머 치료제는 지금 개발 초기 단계여서 부작용이 많다. 빈준길 대표는 레켐비는 부작용 발생률이 약 18%, 키순라는 27% 정도라고 말한다.[7] 이런 부작용을 뉴로핏 아쿠아가 줄여줄 수 있다. FDA에 따르면, 키순라의 가장 흔한 부작용은 아밀로이드 관련 영상 이상(MRI 스캔을 했을 때 뇌에 일시적인 부기가 확인되는 현상)과 두통이다.[8] 현재 FDA가 승인한 알츠하이머병 치료제는 미국 바이오젠과 일본 에자이가 공동 개발한 '레켐비'(2023년 7월)와 일라이릴리의 도마네맙 성분 알츠하이머 치료제 '키순라'(2024년 7월)밖에 없다. (그림 3)

뉴로핏 아쿠아는 투약 전 환자의 치료제 처방 적격성을 판단하고, 투약

그림 3 | 레켐비와 키순라

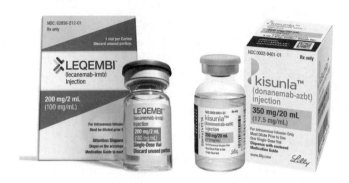

자료: 뉴로핏

중 치료제로 인한 뇌출혈 및 뇌부종 등 부작용을 모니터링한다. 투약 후에는 뇌에 축적된 아밀로이드 베타 감소에 따른 치료제 투약 효과를 분석할 수 있다.[9] 그래서 뉴로핏은 알츠하이머 중증도 판별 및 치료제 적격성까지 판단하는 제품인 뉴로핏 아쿠아 AD의 FDA 승인을 준비하고 있다. 빈준길 대표는 뉴로핏 아쿠아 AD가 뇌의 MRI와 PET 영상을 분석해 알츠하이머병 치료제 사용의 모든 과정을 모니터링하고, 투약 전에는 환자의 치료제 처방 적합성을 판단한다. 투약 중에는 뇌출혈, 뇌부종과 같은 부작용 발생 여부와 중증도 등을 판단해 알츠하이머 치료제의 부작용을 빨리 감지할 수 있다고 한다.[10] 현재 뉴로핏은 상장도 준비하고 있는데, 코스닥 기술특례 상장을 위한 기술성 평가를 통과한 상태다.

PART

V

AI 다이내믹스 #4

·

교육·금융·농축산· 업무자동화

#온·오프라인 연계 #데이터 분석·평가
#데이터 의사결정 #에이전틱 AI

⚡AI
데이터는 서비스 고도화,
사업모델 개발,
사업 확장의 기반이다

AI의 핵심은 데이터다. 데이터 없는 AI는 단순 기술에 불과하다. 데이터 라벨링 업체인 스케일AI에서 말했던 것처럼 데이터는 산업별 특화지능 개발에 핵심이다. 이번 장에서는 이런 데이터가 산업에 적용되어 새로운 비즈니스 창출에 어떻게 기여하는지를 주로 다룬다. 교육 분야는 학생들의 수준별 맞춤 학습에서 데이터의 역할이 매우 크다. 학생들의 데이터가 축적되면 축적될수록 선생님들은 그 학생에게 특화된 교육 진행이 가능하다. 이미 교육 분야에서는 데이터를 기반으로 수학, 영어 등 주요 과목에 대한 맞춤형 솔루션들이 다수 있다. 이번 장에서 다루는 매스프레소도 마찬가지다. AI 수학 서비스를 제공하고 있는 매스프레소는 수학과 관련된 학생들의 질문 데이터를 기반으로 1:1 과외부터 오프라인 학원 사업까지 영위하고 있다.

교육 분야뿐만 아니라 번역, 금융, 농축산 분야에서도 데이터는 새로운 비즈니스 모델 개발의 기반이 되고 있다. 번역 플랫폼 서비스를 하는 플리토는 축적된 언어 빅데이터를 기업에 판매하거나 이를 기반으로 매장 메뉴 번역 서비스, 대화형 통번역 솔루션 등을 제공하고 있다. 데이터 기반의 사업은 신규 서비스를 창출하거나 고도화하는 데 활용되고 있다. 데이터 사업은 데이터 축적, 서비스 고도화, 신규 서비스 개발, 신규 비즈니스 모델 개발, 새로운 데이터 축적을 통한 선순환 구조가 형성되고 있다.

농축산 분야도 마찬가지다. 상대적으로 디지털화가 더디게 이루어지고 있지만 농축산 데이터는 스마트 농업이나 축산을 통해 고령화로 일할 사람이 없는 농촌이 지속성장하는 데 기반이 된다. 한국축산데이터는 축산 분야의 스마트화를 촉진하기 위해 농가의 데이터를 수집해 디지털 기반의 가축관리를 추진하고 있다. 이렇게 축적된 사업역량을 통해 한국축산데이터는 농가 기술의 표준화를 통해 해당 사업모델을 글로벌 시장 진출에 활용한다. 하지만 이렇게 솔루션 개발 및 공급에만 한정되지 않고 실제로 돼지고기 생산까지 사업 영역을 넓혀가고 있다. 앞서 본 교육, 언어 분야처럼 기업의 가치사슬 확대를 통해 유기적인 사업 구조를 구축하고 있다.

금융 분야는 이미 데이터에 기반한 다양한 사업모델이 존재한다. 금융은 그 어떤 분야도 데이터 기반으로 모든 일들이 진행되다 보니 신용평가 및 대출, 자산관리, 자동화 솔루션 등 다양한 비즈니스에 활용되고 있다. 에이젠글로벌은 AI 금융기술 플랫폼 업체로, 모빌리티, 커머스 등 신산업 분야에 금융 인프라 제공을 통해 금융회사의 업무를 지원하고 있다. 예를 들어 여신, 상품개발, FSDFraud Detection System(이상거래탐지시스템) 등에 AI 모델을 제공해 금융 의사결정을 자동화한다.

이처럼 데이터는 서비스 고도화, 사업모델 개발, 사업 확장의 기반이 되

고 있다. 데이터 기반 사업은 차별화되고 희소성이 높을수록 사업의 선순
환 구조 구축에 유리하며, 신규 비즈니스 모델의 핵심 촉매제가 된다. 산업
뿐 아니라 기업 내부 측면에서도 데이터는 유용한 사업 아이템이다. 유아
이패스UiPath는 기본적으로 업무자동화 솔루션 기업이지만, 데이터 마이닝
을 통해 기업의 업무자동화를 위한 기반을 마련해준다. 업무자동화 기업은
AI 에이전트 기업으로 도약하기 위해 준비하고 있으며, 특히 기업 내 폭증
하고 있는 다양한 데이터를 기반으로 사업을 고도화하고 있다. 이미 생성
형 AI를 활용해 기존 업무자동화 솔루션 개발을 통해 기업 내 생산성이 낮
은 분야의 자동화를 촉진시키고 있다.

1장

데이터 기반 맞춤 솔루션에서 오프라인으로 확장하는 에듀테크

매스프레소

수학은 여전히 학생들에게 가장 어려운 과목이다. 수시로 누군가에게 물어보고 싶은데, 궁금할 때 바로 물어볼 사람도 마땅치 않다. 매스프레소라는 이름에서 알 수 있듯, 이 기업은 수학과 관련된 AI 솔루션을 제공한다. 매스프레소가 운영하는 '콴다' 플랫폼은 학생이 수학 공부를 하다가 모르는 문제가 나오면 스마트폰으로 해당 문제의 개념, 유형에 대한 영상을 바로 제공한다. 콴다는 'Q&A'라는 뜻이다. 즉, 질문과 해답이다. 현재 콴다는 소득격차에 따른 교육 불평등을 해소할 수 있는 플랫폼이 되고 있다. (그림 1)

매스프레소 이종흔 대표의 창업 동기를 보면 왜 콴다 플랫폼을 개발했는지 알 수 있다. 그는 인천에서 과외를 시작한 후 입소문이 나서 강남 학생까지 맡게 되었는데, 그 학생 한 명을 위해 개념 설명, 숙제, 질문 등 다방면의 과외 선생님이 여럿 투입되는 것을 보았다. 이런 경험은 매스프레소의 비전과 미션에도 녹아 있다. 매스프레소는 "아시아의 선도적인 슈퍼 교육 플

그림 1 | 콴다 앱

랫폼Aisa's Leading Education Super Platform"을 추구하면서 "우리는 교육을 재구
축한다We Rebuild Education"라고 한다. 매스프레소의 미션은 "교육 기회의 평
등을 기술로 이룩하는 것"이고, 비전은 "가장 효과적인 교육을 전 세계 모두
에게"이다. 이 비전의 숨은 뜻은 매스프레소의 홈페이지에서 콴다라는 플
랫폼을 만든 이유를 보면 알 수 있다.

맞춤형 교육은 여전히 오프라인 중심으로, 소수만 누릴 수 있습니다.
콴다 팀은 지금까지 특정 계층과 지역에서만 가능했던 개인화된 학습
을 AI 기술을 통해 누구나 접근 가능하도록 함으로써 교육 시장의 혁신
을 이루고자 합니다.[1]

이런 미션은 성과로 나타나고 있다. 매월 콴다로 공부하는 학생은 800만 명, 해외 사용자 비율은 90%, 지금까지 콴다로 공부한 사용자는 9,200만 명, 누적 검색 수는 65억 건, 누적 투자 금액은 1,530억 원에 달한다. 콴다 앱은 20개국 교육차트 1위, 센서타워 선정 '2021 아시아 태평양 어워드' 대한민국 최고의 교육 앱, 구글 플레이 선정 '올해의 자기계발 앱' 우수상, 앱스토어 선정 '한국이 만들고 세계가 즐기는 앱'으로 선정되기도 했다. 국내 스타

표 1 | 매스프레소 운영 서비스

서비스	세부 내용
콴다	자체 개발한 광학문자인식OCR 기술을 활용하여 학생들이 모르는 문제를 찍으면 단 5초 안에 문제를 인식하고, 동영상 풀이, 강의, 내신 기출 자료 등 맞춤형 학습 콘텐츠 제공
콴다과외	학생과 선생님이 각자 원하는 장소에서 태블릿으로 수업을 진행하는 비대면 1:1 과외 서비스
콴다수학코치	콴다수학코치는 콴다의 AI 기술로 만든 맞춤형 학습 관리 솔루션. 방대한 학습 데이터로 구축된 지식그래프를 활용하여 학생의 현재 학습 상태를 정밀하게 진단하고, 이에 맞는 반응형 학습 커리큘럼을 실시간으로 제공
크래미파이	콴다의 오토솔버Autosolver와 생성 AI를 결합한 크래미파이은 학생이 수업에서 배운 학습 자료에 맞춰 개인화된 시험 대비 자료를 생성하는 하이퍼 로컬 학습 서비스
매쓰GPT	수학 전문 LLM. 'MATH'(1만 2,500개의 고난도 수학 경시 문제)와 'GSM8K'(8,500개의 초등학교 수학 문제) 등, 수학 능력을 평가하는 여러 벤치마크에서 MS의 'ToRA 13B'를 넘어서는 성과를 보여, 13B 이하 모델 중에서 1위 달성
디지털 교과서	국내 최고의 출판사와 함께 미래 교육을 선도하는 디지털 교과서 개발. 세계 최고 수준의 OCR 기술을 이용해 문제 사진을 정밀하게 디지털화하고, 이를 통해 학습자에게 맞춤화된 교육 콘텐츠 제공

자료: 매스프레소 홈페이지

트업이 국내에 머물지 않고 글로벌하게 성공한 케이스는 많지 않다. 2015년 설립되어 2016년 콴다를 출시했다는 점을 고려하면 매스프레소의 성과는 놀랍다. 매출은 2020년 5억 원, 2021년 21억 원, 2022년 106억 원, 2023년 170억 원으로 매년 급증하고 있다.

콴다는 7개국 언어(영어, 일본어, 베트남어, 인도네시아어, 태국어, 스페인어 등)를 지원하고 있으며, 풀이 검색 서비스, 콴다과외 등 다양한 서비스를 출시했다. 콴다, 콴다과외, 콴다수학코치, 크래미파이Cramify Your Study 서비스 외 최근에는 생성형 AI인 매쓰GPTMathGPT를 운영하고 있다. 특히 최근 출신한 매쓰GPT는 AI 스타트업 업스테이지, 통신사 KT와 공동 개발했으며, MATH 벤치마크에서는 GPT-4의 성능을 제치고 1위를 달성했다. (표 1)

최근에는 코로나 이후를 대비해 대치동에 콴다일로학원을 개원했다. 콴다일로학원은 반응형 클리닉&워크북, 맞춤형 과외식 서킷 트레이닝, 주간

그림 2 | 콴다일로학원의 실시간 반응형 학습

💡 예시 — [중상] 삼각함수 사이의 관계

$\frac{3}{2}\pi < \theta < 2\pi$에서 x에 대한 이차방정식

$x^2 - 2\sqrt{2}x - k = 0$의 두 근이 $\frac{1}{\sin\theta}$, $\frac{1}{\cos\theta}$일 때, 상수 k의 값을 구하시오.

- 정답 : 4
- 특정 오답(-2) 입력 시, 으로 판단

→ 실수 점검 후속 문항 제공

$\sin\theta - \cos\theta = \sin\theta\cos\theta$일 때, $\sin\theta\cos\theta$의 값은 $a + b\sqrt{2}$이다. 유리수 a, b에 대하여 $b - 10a$의 값을 구하시오.

💡 예시 — [중] 로그의 정의

모든 실수 x에 대하여 $\log_{a-2}(x^2 + 2ax + 8a)$가 정의되기 위한 모든 정수 a의 값의 합을 구하시오.

- 정답 : 18
- 특정 오답(22 또는 36) 입력 시, 으로 판단

→ 개념 이해 점검 후속 문항 제공

$\log_{x-1}(-x^2 + 4x + 21)$이 정의되기 위한 정수 x의 개수를 구하시오.

자료: 매스프레소

테스트 스프린트 포인터, 맞춤형 시험지로 내신 준비 등을 차별화된 학습 시스템으로 내세우고 있다. (그림 2)

2024년에는 YBM과 함께 베트남 하노이에 영어 전문 어학원을 열었다. YBM의 강점인 콘텐츠 기획력과 강사 관리 및 어학원 운영 노하우, 매스프레소의 베트남 교육 시장에 대한 이해와 기술력, 콴다의 브랜드 파워가 결합해 베트남 시장을 공략하겠다는 것이다. **2)**(표 2)

콴다의 이런 성공의 핵심요인은 콴다가 축적한 약 63억 건에 달하는 데이터의 선순환 구조에 있다. 즉, 풀이 검색 기능으로 데이터 확보→더 나은 검

표 2 | 오프라인으로 확장하는 에듀테크

서비스	학습 솔루션	학원명	세부 내용
매스프레소	콴다, 콴다수학코치	콴다일로 학원	• 8년간 축적된 55억 개 수학 학습 데이터 기반 학습 콘텐츠 제공 • 학생 맞춤형 상태 진단 및 커리큘럼을 제공하는 콴다수학코치 도입
슬링	오르조클래스	더오르조	• 유명 교육 기업 및 대치동 출신 강사진과 학습 관리 솔루션 오르조클래스 결합 • 풀이 시간, 오답률, 집중도 등 학생별 축적되는 세부 영역 데이터 기반 맞춤형 학습 관리 및 클리닉 제공
에이럭스	세모배	에이스타코딩	• 수학, 과학, 미술, 음악 등 학교 정규 교과목에 코딩을 결합시킨 강의 제공 • 학습 관리 플랫폼 세모배를 통해 온오프라인 블렌디드 러닝 형태로 수업 관리
아이스크림에듀	아이스크림 홈런	문해와 수리	• 아이스크림홈런 운영으로 쌓은 노하우 접목 • 구조적 사고력 향상에 특화된 학습 콘텐츠 및 커리큘럼 설계

자료: https://news.mt.co.kr/mtview.php?no=2024020610160660122

그림 3 | 〈타임〉과 스태티스타가 선정한 2024년 세계 최고의 에듀테크 기업
(130~140위)

순위	회사	홈페이지	본사	점수
130	크리켓	cricketmedia.com	미국	59
131	에잇폴드AI	eightfold.ai	미국	59
132	럭스로보	global.luxrobo.com	한국	59
133	코그니티	kognity.com	스웨덴	59
134	누들	noodle.com	미국	59
135	스킬자	skilljar.com	미국	59
136	매스프레소	mathpresso.com	한국	59
137	리듬스쿨	rithmschool.com	미국	59
138	휠박스	wheelbox.com	인도	58
139	ABA잉글리시	abaenglish.com	스페인	58
140	스파크스쿨	sparkschools.co.za	남아프리카	58

자료: https://time.com/collection/worlds-top-edtech-companies-2024/

색 결과 제공→유저를 더 많이 축적→더 많은 데이터로 연결→더 나은 검색 결과 제공이라는 성공적인 플라이휠 구축이 있었다. **3)**

매스프레소는 〈타임TIME〉지와 스태티스타Statista가 발표한 250대 에듀테크EdTech 기업 중 136위에 올랐다. 총 7,000개 업체 중 선정된 250개 기업의 3분의 1 이상은 미국 기업이고 중국이 10%, 영국이 약 6%다. 재무적 강점과 산업적 영향을 기반으로 한 평가에서 한국 기업인 매스프레소의 순위는 그만큼 놀라운 성과다. (그림 3)

그렇다면, 에듀테크 선도기업인 매스프레소가 콴다를 통해 그리는 미래

그림 4 | 콴다가 그리는 미리 교실

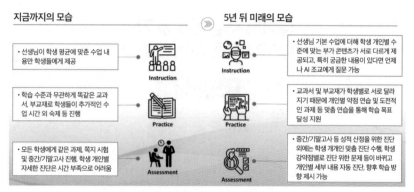

자료: [NWEC 2023] 콴다가 그리는 미래 교실. https://www.youtube.com/watch?v=lUkdrqZfodE

교실은 어떤 모습일까? 네이버 웨일 교육 컨퍼런스인 NWECNAVER Whale Education Conference 2023에서 매스프레소의 발표를 보면 알 수 있다. 매스프레소는 듀얼 티처Dual Teacher라는 개념을 통해 1:N 교실 선생님과 1:1 AI 튜터(AI 조교)를 통해 학생 개인별 맞춤 학습을 지향하고 있다. (그림 4)

　이미 사교육 시장에서는 매스프레소 같은 AI 기반의 다양한 교육 솔루션이 존재한다. 하지만 이런 솔루션이 통합적으로 제공되고 있지는 못하다. 이제 에듀테크 시장에서는 한 학생을 위한 하나의 통합된 솔루션이 필요하다. 그래야 우리가 꿈꾸는 진정한 초개인화된 수준별 맞춤 학습, 통합 학습과 상담이 이루어질 수 있다. 그렇게 된다면 선생님을 포함한 교육의 다양한 이해관계자들의 역할도 한순간에 변할 것이다.

2장

데이터 수집 플랫폼 기반
데이터 활용 서비스 창출

국내 데이터 산업 시장규모는 2023년 기준 27조 1,513억 원으로 추정된다. 2019년부터 2023년까지의 연평균 성장률은 21.2%로 높다. 데이터 시장은 크게 데이터 처리 및 관리 솔루션 개발·공급업, 데이터 구축 및 컨설팅 서비스업, 데이터 판매 및 제공 서비스업으로 분류할 수 있다. 2023년 기준 시장 내 비중은 각각 16.5%, 34.4%, 49.1%로 데이터 판매 및 제공 서비스업의 비중이 가장 높다. (그림 1)

플리토는 이런 데이터 시장에서 언어 빅데이터 서비스(번역)를 진행하고 있는 언어 데이터 기업이다. 번역 관련 언어 서비스는 사람과 기계에 의한 번역 모두 같이 성장하고 있다. 일상생활과 관련된 사항은 기계번역, 전문적이거나 특수한 분야는 사람의 번역으로 시장이 분화되고 있지만 사람과 기계가 상호 보완적인 성격을 띠고 있다.[1](그림 2, 3)

플리토는 2012년 오픈한 집단지성 번역 서비스를 시작으로 전문번역과

그림 1 | 국내 데이터 산업 시장규모 추이(2015~2023)

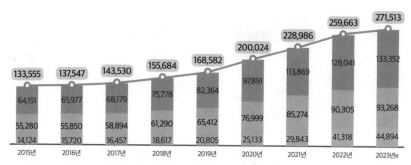

자료: 한국데이터산업진흥원, 2023 데이터 산업 현황조사, 2024.5

AI 번역까지 플랫폼을 확장해왔으며, 플랫폼을 통해 구축한 언어 데이터를 바탕으로 국내외 기업에 언어 데이터를 공급하고 있다. 현재 2,000개 이상 파트너사와 함께 173개국, 1,000만 명 이상의 사용자가 플리토의 번역 플랫폼을 이용하고 있다. 현재 1억 개 이상의 누적 데이터를 보유하고 있으며

그림 2 | 플리토의 번역 플랫폼

그림 3 | 플리토의 플랫폼 구조도

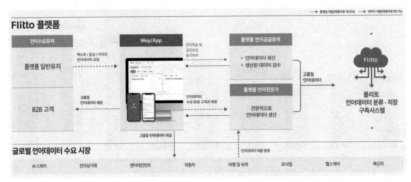

일일 데이터 생성량은 30만 이상이다. 특히 설립 이후 바로 2012년 영국의 테크스타 런던 인큐베이팅TechStars London Incubating 프로그램 아시아 기업 최초 선정, 영국 모리슨 포스터Morrison Foerster 주최 이노베이션 테크 스타트업Innovative Tech Startup 대상, 실리콘밸리Silicon Valley IR 2013년 가장 기대되는 스타트업 선정 등의 성과를 냈다.

언어의 장벽을 넘어선 세상을 꿈꾸는 통합 번역 플랫폼

플리토의 이정수 대표는 경영학을 전공했다. 하지만 주재원인 아버지를 따라 미주, 유럽 등을 다니며 다양한 언어를 경험했고 그 경험을 기반으로 '스마트폰을 활용해 언어 데이터를 수집하면 언어 보존, 연구 개발에 쓸 수 있겠다'라는 생각을 갖고 창업을 하게 되었다.[2]

플리토는 모든 언어가 지니고 있는 문화와 역사를 존중하며, 언어가 주는 불균형을 해소하기 위해 완벽한 통/번역 시스템을 개발하여 언어의 장벽을 효율적으로 무너뜨리는 것을 목표로 하고 있습니다.

언어 빅데이터 사업이 본격적으로 활성화된 건 2016년 딥러닝 기술이 부상하면서다. 이후 데이터 매출이 발생하고 2019년에야 사용자가 1,000만 명을 넘어섰다. 현재 플리토의 매출은 데이터 판매와 플랫폼 서비스에서 나온다. 데이터 판매는 플랫폼 내 수집된 언어 데이터를 판매하는 서비스로 2023년 기준 전체 매출의 78.5%, 플랫폼 서비스는 집단지성, 전문번역, API, QR 등 플랫폼 내 제공하는 각종 언어 서비스로 21.5%를 차지하고 있다. (표 1)

플리토의 데이터 판매는 플랫폼을 통해 수집된 코퍼스Corpus(말뭉치)를 집단지성 및 검수 과정을 거쳐 정제한 후, 언어 데이터를 필요로 하는 국가 연구기관 또는 IT 고객 등에게 판매하고 있다. (그림 4)

표 1 | 플리토의 매출액 추이(단위: 천 원, %)

구분		2021년	2022년	2023년	CAGR
데이터 판매	국내	4,204,061	5,382,315	5,581,289	15.2
	해외	2,858,951	3,606,002	5,621,774	40.2
플랫폼 서비스	국내	1,620,144	2,605,878	3,099,481	38.3
	해외	310,162	887,120	785,795	59.2
계		8,993,318	12,481,315	15,061,339	29.4

자료: 2023년 플리토 사업보고서, 2024

그림 4 | 플리토 언어 데이터 분류·저장 구축 시스템 Corpus Management System

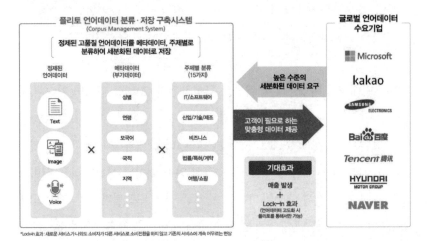

자료: 플리토 IR BOOK, 2019

플리토는 번역 플랫폼을 통해 하루에 약 70만 단어의 데이터를 수집하고, 텍스트뿐만 아니라 광학문자인식OCR, 음성 데이터도 모은다. 텍스트는 플리토 번역 플랫폼 전반에서 유입되고, 이미지나 목소리, 사진 등은 플랫폼 사용자가 제공한다. 또한 다국어 번역이 필요한 해외, 관광 등의 분야를 대상으로 하는 메뉴 및 공간 번역 서비스 '플리토 플레이스'로 데이터 수집 자체를 수익모델로 만들었다. 플리토는 종로청계관광특구에 소재한 음식점 60여 곳을 대상으로 메뉴 번역 서비스를 제공하고 있다. (그림 5)

번역 서비스는 딥엘DeepL, 구글 번역, 네이버 파파고Ppago 등 다양하다. 플리토의 강점은 전문용어의 번역 성능이 높고 집단지성과 전문번역가를 활용해 번역 결과를 보완한다. 이정수 대표는 기존 번역기에 대해 "딥엘은 원래 쌍형어 사전을 만드는 기업인데, 이 데이터를 바탕으로 만든 게 딥엘

그림 5 | 메뉴와 공간 번역이 가능한 플리토 플레이스

번역이다. 딥엘은 GPT가 뜨기 전부터 GPT 모델을 적용해 번역 완성도를 높였고, 기존 번역을 패러프레이징한 결과를 내놓는다. 구글 번역의 경우 인공신경망과 막대한 포털 수집 데이터로 정확도를 높이는데, 플리토 번역은 구글 번역 같은 기계번역에 가깝다"라고 한다.[3]

기존 통번역 업체가 전문가 중심이라면, 플리토는 집단지성 중심이다. 그래서 플리토는 생산속도가 빠르고 가격 경쟁력이 높다. 다양한 언어 조달이 가능하며 구축된 언어 데이터를 즉시 공급할 수 있다. 플리토에 따르면, 현재 언어 데이터를 공급하는 기업은 전문가 생산 방식이어서 언어 데이터를 취급할 수 있는 소수의 번역가 등 전문가를 고용하여 제한된 일정과 예산 하에서 언어 데이터를 생산한다. 따라서 품질이 일관되지 않고 언어 데이터 구축에 오랜 시간이 소요되며, 전문가 고용으로 높은 비용이 발생한다.[4]

플리토는 지금까지 축적한 경험과 노하우를 바탕으로 최근 미래 먹거리

그림 6 | 경쟁사와 플리토의 비교

Appen 및 기타 소규모 통번역 업체	구분	Flitto
전문가 중심	언어데이터 생산 방법	집단지성 중심
매우 느림 (소수 언어 전문가)	생산 속도	빠름 (다수 플랫폼 유저가 24시간 생산)
낮음	가격 경쟁력	높음
전문가 통한 고비용 구조	생산 비용	고정비용 외 추가비용 無
84~98 이하	품질	99.8
특정 지역 위주의 언어	종류	다양한 언어 조달
일정기간 소요	공급기간	구축된 언어데이터 즉시 공급 가능

자료: 플리토 IR BOOK, 2019, 에펜Appen은 전통적인 전문가 고용 방식의 호주 언어 데이터 대표 기업,
품질은 외부기관의 독립된 평가 결과

로 AI 기반의 통번역 서비스인 '라이브 트랜슬레이션Live Translation'에 집중하고 있다. 라이브 트랜슬레이션은 플리토의 기계번역, 텍스트의 음성 변환TTS, 음성의 텍스트 변환STT 엔진 등 기술이 결합된 서비스로 영어, 스페인어, 태국어 등 38개 언어를 텍스트와 음성으로 출력하며 실시간으로 통번역한다.[5] 이 서비스는 애플의 혼합현실 헤드셋 '비전프로'에 적용되었다. 이 서비스는 국제회의, 글로벌 컨퍼런스, 비즈니스 회의에서 사용가능하

다. 플리토는 2024년에 라이브 트랜슬레이션 외에 실시간 통번역 솔루션으로 공항, 관광 안내소, 은행, 의료기관 등 1:1 상담에 활용할 수 있는 대화형 통번역 솔루션 '챗 트랜슬레이션'도 출시했다.

3장
신산업의 금융 의사결정을 도와주는
AI 금융기술 플랫폼
에이젠글로벌

뱅킹은 필요하지만 뱅크는 필요 없다.

— 빌 게이츠, 1994

빌게이츠가 1994년에 예측한 "뱅크(은행)는 필요 없다"라는 말은 이미 현실이 되고 있다. 은행의 ATM, 오프라인 점포는 디지털화가 가속화됨에 따라 급속하게 사라지고 있다. KB국민·신한·하나·우리은행 등 국내 4대 은행의 영업점(지점·출장소) 수는 2019년 3,527개였지만 4년 후인 2023년에는 2,818개로 20%가까이 감소했다. ATM·CD기·공과금 지급기 등 자동화 기기의 경우, 국민은행에서는 같은 기간 동안 2,868개가 사라졌다.[1] 임직원 수는 국민·하나·우리 등 3개 은행에서 총 4,165명이 줄었다. (그림 1)

이렇게 금융 시장은 디지털화의 영향으로 큰 변화를 맞이하고 있다. 국내 AI 기반 금융 솔루션 업체는 토스 같은 송금 및 결제 분야 중심이었으나 에

그림 1 | 국내 4대 은행 영업점 수 및 임직원 수

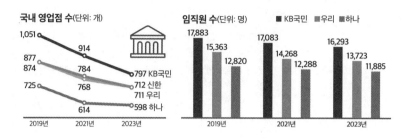

국내 영업점 수(단위: 개)

연도	2019년	2021년	2023년
KB국민	1,051	914	797
신한	877	784	712
우리	874	768	711
하나	725	614	598

임직원 수(단위: 명) ■ KB국민 ■ 우리 ■ 하나

연도	2019년	2021년	2023년
KB국민	17,883	17,083	16,293
우리	15,363	14,268	13,723
하나	12,820	12,288	11,885

자료: 매일경제, KB국민·신한·하나·우리은행 조사결과, 2024.3.17.

이젠글로벌처럼 신용평가와 자산관리 영역의 업체들이 부상하고 있다. 예를 들어, 신용평가 및 대출 분야에는 핀다, 어니스트펀드, 펀다, 자산관리에는 크래프트테크놀로지스, 씨앤테크, 데이터 및 인프라에는 에이젠글로벌 외에 퀀텀에이아이, 아데나소프트웨어 등이 있다.(표 1)

에이젠글로벌은 인공지능 금융기술 플랫폼 회사로 금융 디지털화를 선도하고 있다. 에이젠글로벌은 데이터 융합을 통한 서비스형 뱅킹Banking-as-a-Service, 크레딧커넥트CreditConnect로 다양한 산업에 뱅킹을 제공하고 있다. 현재 여신, 상품개발, FDS, 리스크 관리 등 금융의 핵심 업무 인공지능을 적용해 이커머스, 이모빌리티E-Moblity 등의 신산업에 신용공급이 활성화되도록 AI 금융 인프라를 공급하고 있다. 에이젠글로벌은 싱가포르 금융당국 MASMonetory Authority of Singapore가 '책임감 있는 AI기업'으로 선정한 한국의 유일한 핀테크 회사다. SAS와 함께 크레딧 스코어Credit Scoring/Profiling 부문에 최종 선정되었다. 또한 글로벌 IT 시장조사 기관인 가트너에 AI 밴더로 등재되었으며, 홍콩핀테크 위크 솔루션 1위, 베트남 최대 스타트업 행

표 1 | AI 기반 국내 금융기업

구분	업체명	사업 개요
신용평가 및 대출	핀다	국내 핀테크 기업 중 최초로 AI를 도입하여 핀다 전용 챗GPT인 '핀다GPT'를 개발, 대출 중개 및 관리 서비스 제공
	어니스트펀드	대출 관련 데이터를 AI 알고리즘으로 학습, 분석해 금융기관 리스크 통제에 필요한 서비스를 제공하는 솔루션 '렌딩 인텔리전스'를 개발
	펀다	소상공인 전문 온라인 투자연계 금융기업. 최근 금융 AI 전문기업 씽크풀과 개발한 소상공인 대출 및 자동상환 시스템 관련 특허 출원을 완료
	렌딧	개인화된 적정금리를 AI 기술로 산출하여 제2금융권 대비 합리적인 대출금리를 제공
	피플펀드컴퍼니	금융기관이 SaaS 형태로 사용할 수 있는 'AI 신용평가모델'을 개발 중
자산관리	크래프트테크놀로지스	국내외 글로벌 금융기관들에 AI 기반 투자전략 솔루션을 제공
	씨앤테크	AI 및 빅데이터 기반 365일 24시간 글로벌 자산관제 서비스를 제공
	파운트	AI 로보어드바이저 서비스로 빅데이터 활용, 수익률 예측 제공하며 마이데이터를 활용해 고도화된 개인 맞춤형 자산관리 서비스 제공
	빅트리	AI 로보어드바이저 플랫폼과 금융 빅데이터 분석 엔진을 공급
	콴텍	로보어드바이저 기반 자산관리 솔루션 '큐-엔진'과 시장의 이상 징후를 감지, 자동으로 위험을 관리해주는 '큐-크라이시스 인덱스' 서비스 제공
	디셈버앤컴퍼니	로보어드바이저 시장 점유율 1위를 기록하고 있는 '핀트' 운영. 하나증권, 대신증권, KB증권 MOU 체결
	쿼터백	국내 최초 로보어드바이저사. 신한투자증권, KB증권, 한국포스증권과 MOU 체결
데이터 및 인프라	퀀텀에이아이	금융권 비정형데이터 자산화 서비스 제공
	아데나 소프트웨어	금융기업 대상 금융 솔루션을 업계 최초로 올인원 SaaS 형태로 제공
	에이젠글로벌	금융 특화 머신러닝 자동화 솔루션으로 금융사 주요 업무에 필요한 AI 모델을 공급하는 '아바쿠스' 제공
	에이셀테크놀로지스	한국 최초 금융 대체 데이터 플랫폼 서비스 제공

삼일PwC경영연구원, 생성형 AI를 활용한 비즈니스의 현주소, 2024.5

사 톱 5에 선정되었다. 국내에서는 2023년에 핀테크 우수기업「K-Fintech 30」에 선정되기도 했다.

에이젠글로벌의 서비스는 크레딧커넥트와 아바커스가 있다. 크레딧커넥트는 ABOSAutomated Banking Operating System을 통해 여신서비스의 자율주행 개념을 도입하고 있다. 소매금융에서 자본시장까지 자동화를 통한 신용 개선을 목표로 한다. 최근에는 한국, 인도네시아, 베트남에 전기자동차 및 전기바이크 시장에 신용을 공급하는 EV 크레딧커넥트를 제공하고 있다. (그림 2, 3)

아바커스ABACUS는 이종간 데이터를 융합하고 금융의 의사결정을 자동화하는 금융 특화 머신러닝 자동화 솔루션이다. AI 전문지식 없이도 쉽고 안정적으로 예측모델 구축 및 배포가 가능하다. 금융회사에서는 쉽고 빠르게

그림 2 | 크레딧커넥트의 ABOS

자료: 에이젠글로벌

그림 3 | 크레딧커넥트의 주요 지표와 성과

자료: 에이젠글로벌 회사소개서, 2023

AI 모델을 도입하여 심사, FDS, AML, 디지털 전략 등 다양한 업무에 적용하고 있다. 상품 설계, 포트폴리오 관리, 리스크 관리 등 신용 사이클에 반드시 필요한 지표를 데이터 기반으로 모듈화하여 AI를 통한 금융혁신을 만든다. 우리은행, 우리카드, 현대카드, NH농협생명 등이 도입했다.

2016년에 설립된 에이젠글로벌은 시티그룹에서 10여 년간 투자, 매각 관련 경험이 있는 강정석 대표가 창업했다. 사업 초기에는 빅데이터 기반의 신용위험평가 모델을 개발했고 2021년부터는 전기 이륜차 금융을 시작했다. 전기 버스용 배터리 대여 자금을 국내 운수 업체에 중개한 경험이 바탕이 되었고 이를 기반으로 인도네시아 '전기 이륜차 금융' 사업도 2년 만에 성공적으로 안착시켰다.[2] 에이젠글로벌의 경영진은 이런 사업의 성격 때문에 Citi, SC, HSBC, IBM, 딜로이트, SAP 등 금융, 금융IT 전문가로 구성되어 있다.

에이젠글로벌의 'EV 크레딧커넥트'는 인도네시아, 베트남 등의 e-모빌리티 산업과 금융기관을 연결해 데이터 경제를 활성화시키고 있다. 에이젠글로벌은 모빌리티 AI 금융 글로벌 특허를 약 160개나 보유하고 있다. 에이젠글로벌은 인도네시아의 동남아 최대 택시 호출·배달 앱으로 유명한 그랩 Grab에 모빌리티 데이터 분석 및 AI 금융솔루션 기반의 금융서비스인 'EV 크레딧커넥트'를 제공하고 있다. 에이젠글로벌은 이를 통해 그랩의 차주에 맞는 금융기관을 추천하고 차주가 필요한 금융서비스를 빠르게 연결할 수 있다.[3] 이러한 사업모델은 금융이 필요한 E-모빌리티 운영사에는 30~40% 더 낮은 구매 비용, 효율적인 운용 비용, 금융기관에게는 신규 금융 상품 출시, 성장하는 시장에 선점자로 진입이 가능하다.[4]

에이젠글로벌의 사업모델이 성공한 이유는 그랩 같은 업체가 2030년까

그림 4 | 에이젠글로벌의 아시아 시장 확대 계획

자료: 에이젠글로벌, 2024년 플랫폼을 활용한 금융 경쟁력 제고와 대응 방안 세미나, 2024

지 600만 대의 전기 이륜차를 사용토록 하고 있어서다. 강정석 대표는 이 점에 착안해 이륜차를 구매할 자금을 담보로 돈을 빌리는 '배터리 금융' 사업 아이디어를 인도네시아에서 추진했다. 강정석 대표는 "이륜차와 배터리 가치를 제대로 알 수 있는 정보와 기사들의 신용 데이터 등을 모아 AI가 분석해주면 금융회사도 위험 측정이 가능해 자금을 댈 수 있을 것"으로 판단한 것이다.[5] 그는 이러한 사업모델을 태국, 베트남 등 동남아시아의 다른 국가에도 적용해 '글로벌 AI 금융기업'이 되는 게 목표다. 현재 에이젠글로벌은 베트남, 싱가포르, 인도네시아에 진출했고 향후 태국, 필리핀, UAE, 유럽, 호주, 미국 등으로 사업을 확대할 계획이다. (그림 4)

4장

데이터로 가축 상태
모니터링부터 상품 판매까지

한국축산데이터

한국축산데이터? 매우 직관적이면서 어딘가 조금 어색한 느낌이 든다. 축산은 오래된 단어, 데이터는 최신 유행하는 단어라서 그런 것 같다. 실제로 창업자 경노겸 대표도 보수적인 축산업에서 사람들이 기업명만 들어도 무슨 회사인지 알리고 싶었다고 한다. 한국축산데이터는 축산 관련 데이터를 기반으로 서비스를 제공하는 기업이다. 단지 데이터의 수집·가공·분석만 해주는 기업은 아니다. 한국축산데이터는 팜스플랜이라는 농가 맞춤 솔루션을 보유하고 있다. 예를 들어, 이 솔루션은 실시간 모니터링, 사양 관리, 질병 관리, 생산성 관리 등 농가에 필요한 사항을 효율적으로 관리해준다.(그림 1, 2)

한국축산데이터의 서비스는 이 기업의 지향점을 보면 알 수 있다. 한국축산데이터는 4가지를 강조한다. 원-헬스, 축산업의 질적 향상, 글로벌 기술 표준화 선도, 지속가능 축산. 하나씩 보면, '원-헬스One Health'는 사람·동물·

그림 1 | 팜스플랜 설계를 위한 주요 데이터(지표)

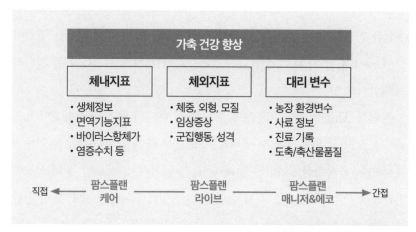

자료: 한국축산데이터, NAVER DEVIEW 2023

그림 2 | 팜스플랜의 재고 두수, 체중 측정, 이상행동패턴 모니터링

자료: 한국축산데이터

환경이 유기적으로 연결되어 공존한다는 개념으로, 한국축산데이터의 최우선 가치다. 축산업의 질적 향상은 데이터에 기반한 디지털 헬스케어 솔루션과 건강한 축산물 유통으로 1차 산업인 축산업의 질적 향상을 견인하는 게 목표다. 농가 대비 축산업은 스마트화가 뒤쳐져 있는데 이를 지원하기 위함이다.

세 번째, 글로벌 기술 표준화 선도는 가축 디지털 헬스케어 기술의 표준화를 이끌고 국내를 넘어 전 세계에 지속 가능 축산을 위한 새로운 기준을 제시한다. 한국축산데이터는 현재 인도, 말레이시아, 베트남 등의 시장에 진출해 있다. 2022년에는 가치 실현을 위해 말레이시아의 닭고기 생산·판매 기업 에콘자야Econjaya에 가축 헬스케어서비스 '팜스플랜'을 공급하고 치킨 브랜드를 론칭하는 계약을 체결했다.[1] 에콘자야의 풍청 농장에 솔루션을 공급하기로 했는데, 해당 농장은 말레이시아 최대 양계지역인 조호르주에 위치하며, 닭 70만 마리를 사육할 수 있는 대규모 농장으로 알려졌다. 2023년에는 말레이시아의 4차 산업혁명 전환 기술에 팜스플랜이 선정되었다. 마지막으로 지속가능축산은 유엔UN이 제시한 지속가능발전목표SDGs에 따라 '건강한 가축 사육-농장 생산성 향상-양질의 축산물 공급'의 지속 가능한 축산 구조를 만드는 것이다.

지금까지 언급한 내용만 보면, 한국축산데이터 CEO는 농축산업에 오랜 시간 종사했다고 생각할 수 있다. 하지만 경대표는 카이스트와 서울대에서 경영공학과 생물정보학을 전공했다. 그의 경력은 AI 산업과 사업개발 관련 경력이 다수다. 그의 학력과 경력에서 알 수 있듯이, 그는 데이터 분석과 AI 전문가다. 한국전자통신연구원에서 AI 검색엔진을 공부하기도 했는데, 축산업의 가능성을 보고 2017년 11월 아내와 함께 공동창업했다.[2] 아내 또한 데이터 분석 전문가다. 그는 "유독 경험 집약적인 필드가 있잖아요. 축산업도 그중 하나예요. 30~40년 이상 수천 마리 동물의 생애주기를 지근거리에서 함께한 축산업자들은 살아 있는 빅데이터나 다름없죠. 저희는 그런 경륜과 감각을 디지털화하는 거예요"라고 말한다.[3]

스마트팜, 스마트축산 등은 저출산·고령화 시대에 중요한 과제다. 지방에 가면 일할 인력이 없다. 현재의 이런 상황에서 언제까지 노동력으로 모든 걸 대체하기에는 한계가 존재한다. 경노겸 대표는 이런 현실을 파악하고 스마트 축산의 길로 들어섰다고 볼 수 있다. 실제로 그가 NAVER DEVIEW 2023에서 발표한 그림 3을 보면, 축산테크가 적용된 상상 속 농장과 현실의 농장 차이가 얼마나 큰지 알 수 있다.

그는 축산업계의 고민을 같은 맥락에서 이야기한다.

그림 3 | 축산테크가 적용된 상상 속 농장 VS. 진짜 농장

자료: 한국축산데이터, NAVER DEVIEW 2023

관리 문제가 컸어요. 농장을 잘 관리하면 규모가 확 커지거든요. 새로 직원을 고용해야 하는데 그분들이 자신이 쌓아온 몇십 년의 노하우만큼 잘 기르지 못하는 비효율이 생겨요. 농장주들이 365일 24시간 내내 농장에 상주하지 않으면 퀄리티 유지가 안 되는 거죠. 그러다 보니 농장을 물려주는 과정에서 2세나 3세 분들이랑 갈등이 생기기도 해요. 고도의 경험 지식으로 사업을 성장시켜도 이게 전수되기 어려운 산업이더라고요. 높은 폐사율도 큰 골칫거리였죠.[4]

경대표 또한 여느 창업자처럼 한국축산데이터가 첫 창업은 아니다. 2015년 머신러닝 기반 마케팅 분석 솔루션 관련 창업을 하기도 했다. 한국축산데이터는 두 번째 창업으로 서울대에서 바이오인포메틱스 박사과정 중 2017년 창업을 했다.[5]

한국축산데이터는 누적 투자유치 금액이 250억 원 이상이다. 축산업이라는 오래된 테마에서 250억은 놀라운 수치다. AI와 데이터라는 최신 기술을 다루고 있지만 이를 축산업에 적용해 투자유치를 이끌어내는 건 쉬운 일이 아니다. 직원 40여 명에 매출 160억 정도다. 2023년에는 미국 최고 혁신 기술 경진대회인 '2023 에디슨 어워드2023 Edison Awards' 식량 및 농업 발전 분야에서 동상을 수상했다. 역대 수상자에는 애플의 스티브 잡스, 테슬라의 일론 머스크 등이 있다. 그만큼 혁신적인 제품과 서비스를 개발한 사람에게 주는 상이다. (그림 4)

2023년에는 미래회관이라는 기업과 프리미엄 돈육 브랜드 '팜스플랜미트' 공급계약을 체결했다. '팜스플랜미트'는 '팜스플랜'으로 생산한 프리미엄 돼지고기다. 한국축산데이터는 솔루션 제공에서 이제 돼지고기 생산까지

그림 4 | 한국축산데이터의 '2023 에디슨 어워드' 동상 수상

사업 영역을 넓히고 있다. 특히 한국축산데이터는 팜스플랜 솔루션을 적용한 말레이시아의 닭고기 생산·판매 기업 '에콘자야'의 양계 농장에서 생산한 생닭을 말레이시아 최고급 식료품 마트인 '자야그로서Jaya Grocer' 20개 매장에서 판매하고 있다.[6]

한국축산데이터가 돼지고기 생산까지 할 수 있는 이유는 팜스플랜이 단순히 가축 상태를 모니터링 하는 데 그치는 게 아니라 가축 건강까지 관리할 수 있는 솔루션이기 때문이다. 그래서 피엠포크경산유전자(경산유전자)와 웅돈 면역 및 유전자 검사 공급 계약도 2023년에 채결했다. 경산유전자는 이 계약을 통해 한국축산데이터의 검사 결과를 바탕으로 경북 지역 양돈 농가에 정액 공급을 위한 웅돈의 품질과 안전 인증을 확보할 수 있는 기반을 마련할 수 있게 되었다. (그림 5)

그림 5 | 말레이시아 최고급 식료품 마트 '자야그로서' 매장 내 '팜스플랜치킨'

자료: 한국축산데이터

　　한국축산데이터는 가치사슬을 확장시키고 있을 뿐만 아니라 동남아를 중심으로 활동 반경도 넓히고 있다. 2023년 말, 한국축산데이터는 세계 최대 우유 생산국이면서도 유제품 수출국인 인도의 젖소 농가를 대상으로 사료 판매도 시작했다. 2024년에는 베트남에서 생닭 브랜드 '치킨 리조트'를 개발해 판매하고 있다. 베트남 현지의 온라인 식료품 및 레시피 플랫폼인 쿠키Cooky와 공동 개발한 제품이다. 쿠키는 한국의 '배달의 민족'과 같은 쇼피푸드ShopeeFood 창업자가 설립한 푸드테크 스타트업이다. 이뿐만이 아니다. 인도의 석유 유통그룹 릴라이언스 산하 통신기업 릴라이언스 지오와 팜스플랜의 기술실증도 추진 중이다. 현지 농장의 소, 돼지, 닭, 말을 대상으로 팜스플랜을 실증한다. 릴라이언스 지오는 인도 1위 통신 사업자다. 실증 내용은 카메라와 생체탐지 센서를 활용한 소의 발정 탐지 및 건강, 급이 상태 등 행동 분석, 닭의 급이·급수량을 기반으로 한 이상 증세 파악, 환경 분석 센서를 활용한 농장 환경 관리 등 축종별 건강 상태 파악 등이다.[7]

5장

에이전틱 자동화로
엔드투엔드 프로세스 혁신

유아이패스

유아이패스는 2005년 루마니아에서 설립되어 현재 뉴욕에 본사를 두고 있는 글로벌 로보틱 프로세스 자동화RPA 소프트웨어 기업이다. 루마니아 최초의 유니콘 기업이기도 하다. 현재 100개 이상 국가에 지멘스Siemens, DHL, 딜로이트, 월마트 등 1만 개 이상의 고객사를 보유하고 있다. 다니엘 다인스Daniel Dines가 CTO인 마리우스 티르카Marius Tirca와 공동 설립했다.

창업자인 다니엘 다인스는 프로그래밍 전공자는 아니었다. 독학으로 프로그램 책을 빌려 공부한 뒤 프로그래머로 취업했고, 이 경험을 바탕으로 미국 시애틀의 MS에서 경력을 쌓았다. 하지만 대기업이 적성에 맞지 않아 MS를 그만두고 루마니아로 돌아와 현재의 유아이패스를 창업했다. 2017년에는 본사를 뉴욕으로 이전하고 2021년 4월, 뉴욕증시에 상장했다. 유아이패스의 매출은 2019년 336백만 달러에서 2023년 1,308백만 달러로 지속 증가하고 있고, 종업원 수는 2021년 574명에서 2024년 4,035명으로 급증했다. 글로벌 시장조사 기관인 IDC는 RPA 지출이 2024년부터 2028년까지 2배 이상 증가한 82억 달러에 달할 것으로 예측한다. (표 1)

하지만 유아이패스의 사업 방향이 처음부터 지금처럼 명확한 것은 아니었다. 유아이패스는 2005년 데스크오버DeskOver라는 사명으로, 소프트웨어 아웃소싱 회사로 시작했다. IBM, 구글, MS 등에 자동화 라이브러리와 소프트웨어 개발 키트를 납품했다. 직원은 10여 명에 불과했고 사업을 그만두려고도 했다. 하지만 2012년 이후 RPA에 관심을 갖기 시작했으며, 특히 대형 BPO 회사에 RPA를 공급하면서 RPA 시장의 성장 가능성을 내다봤다. 2013년에는 MS 워크플로 디자이너Microsoft Workflow Designer 기반의 첫 번째 유아이패스 데스크톱 오토메이션UiPath Desktop Automation 제품군을 출시했다. 이후 2015년에 유아이패스로 사명을 변경했다.[1] 이후 2015년 8월 160만 달러의 시드 투자유치 후, 2017년 3,000만 달러, 2018년 시리즈B 1억 5,300만 달러, 시리즈C 2억 6,500만 달러, 2019년 4월 5억 6,800만 달러 규모의 시리즈D 투자를 받으면 급성장했다. 이를 통해 2017년 기업 고객 기반이 100명 미만에서 700명 이상으로 성장했고 회사의 연간반복매출Annual Recurring Revenue, ARR이 690%나 증가했다.[2](표 2)

표 1 | 유아이패스 매출액과 종업원 수 추이(2019~2024)

연도	2019	2020	2021	2022	2023	2024
매출액 (백만 달러)	336	608	892	1,059	1,308	-
직원 수 (명)	-	-	574	4,013	3,833	4,035

자료: 유아이패스 연례 보고

유아이패스는 RPA 시장에서의 기술적 강점을 기반으로 포브스 2019 클라우드 100, 딜로이트 선정 500대 고속성장 기업Deloitte Technology Fast 500(2017~2019), CNBC 디스럽터 50(2020), 가트너 매직 쿼드런트Gartner Magic Quadrant 로봇 프로세스 자동화 부문 리더(2019~2024), IDC 비정형 지능형 문

표 2 | 유아이패스 연혁

구분	세부 내용
2005	• 루마니아 부쿠레슈티에 아웃소싱 기업 데스크오버 설립
2013	• 로봇 프로세스 자동화에 사업 집중
2015	• 유아이패스로 사명 변경, 160만 달러의 시드 튜자 유치 • 런던, 뉴욕, 벵갈루루, 파리, 싱가포르, 워싱턴 DC, 도쿄에 사무실 개소
2016	• 프론트 및 백오피스 서버 제품군 출시
2017	• 3,000만 달러 규모의 시리즈A 투자유치 • 본사 뉴욕으로 이전
2018	• 시리즈B 펀딩(1억 5,300만 달러), 시리즈C 펀딩(2억 6,500만 달러) • 유니콘 기업 달성
2019	• 5억 6,800만 달러 규모의 시리즈D 펀딩 • 우크라이나 프로세스 문서화 기업 스텝숏Stepshot, 네덜란드 프로세스 마이닝 기업 프로세스 골드ProcessGold를 인수
2020	• 데카콘 기업 달성(기업가치 102억 달러, 7,500개 이상 고객사), 최초의 엔드투엔드 하이퍼오토메이션 플랫폼 출시
2021	• API 통합 플랫폼 클라우드 엘리멘츠Cloud Elements 인수 • 뉴욕증시 상장
2022	• 자연어 처리 기업 리인퍼Re:infer 인수
2024	• 에이전틱 자동화Agentic Automation 비전 발표와 전략 발표 • 에이전트 빌더Agent Builder 발표 • AI 혁신 허브AI Innovation Hub 신설(영국)

PART V. AI 다이내믹스 #4: 교육·금융·농축산·업무자동화

그림1 | 에베레스트그룹 인텔리전트 오토메이션 플랫폼
Everest Group Intelligent Automation Platforms PEAK Matrix® Assessment 2024

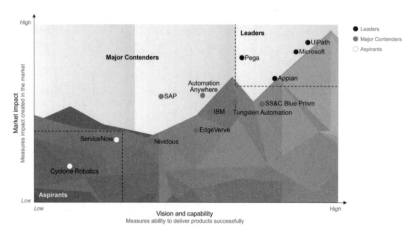

자료: 에베레스트그룹, 2024

서처리 소프트웨어 리더(2024), 에베레스트그룹Everest Group 지능형 문서처리 제품 리더(2024) 등에 선정되었다. (그림 1)

특히 유아이패스의 클립보드 AIClipboard AI는 〈타임〉이 선정한 2023년 최고 발명품 중 하나로 선정되기도 했다.[3] 이 솔루션은 사용자가 간단히 정보를 강조 표시한 다음 클립보드 AI를 대상(다른 앱이나 표)으로 가리키면 클립보드 AI가 데이터를 어디에 넣어야 할지 스스로 파악해 붙여 넣는다. 특히 스크린샷, 스캔 또는 화면과 같은 이미지에서 볼 수 있는 정보를 다른 양식에 쉽게 입력할 수 있다. (그림 2)

유아이패스는 로봇 자동 과정별로 제품군이 구성된 엔드투엔드 서비스를 제공한다. 유아이패스는 이런 서비스를 통해 금융에서는 계좌 개설, 대출 처리, 규제 준수 등의 반복적인 금융 업무 자동화, 헬스케어에서는 환자

그림 2 | 〈타임〉 선정 2023 최고의 발명품, 유아이패스의 클립보드 AI

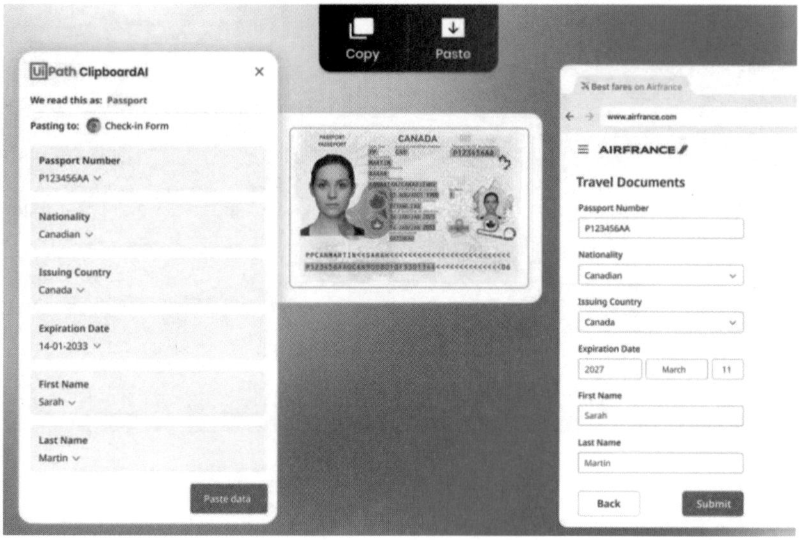

자료: 유아이패스, TIME

기록 관리, 보험 청구 처리, 예약 시스템을 자동화한다.[4](그림 3)

먼저, 발견 단계는 AI를 활용한 프로세스 최적화 및 자동화할 수 있는 부분을 탐색하는 단계로, 프로세스 마이닝, 태스크 마이닝, 커뮤니케이션 마이닝, 자동화 허브가 있다. 프로세스 마이닝은 시스템과 애플리케이션 상의 데이터를 활용하여 사업 프로세스를 파악하고, 프로세스의 문제점 또는 병목 현상에서 발생하는 비용을 계산하여 자동화가 필요한 부분을 파악한다. 태스크 마이닝은 구성원의 업무 처리 과정에서 투입되는 리소스를 파악하여 중복된 업무를 제거한다. 커뮤니케이션 마이닝은 이메일, 채팅, 전화 등 모든 커뮤니케이션 채널 상의 비효율적인 프로세스를 찾아낸다. 자동화 허브는 마이닝한 데이터를 기반으로 효율화 효과가 큰 것부터 우선순

그림 3 │ 유아이패스의 업무자동화 플랫폼별 제품군

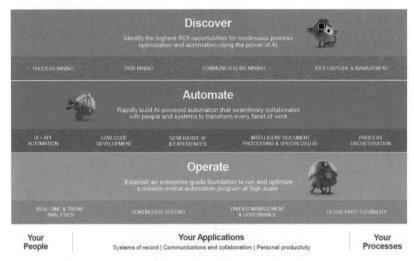

자료: 유아이패스 4Q FY 2024 Earnings Supplemental Slides, 2024

위를 설정·관리한다. (그림 4)

　다음으로 자동화 단계는 AI 기반의 자동화를 통해 구성원과 시스템이 협업하여 업무의 효율성을 극대화시키기 위한 제품으로 '스튜디오', '통합 서비스', '앱스', '로봇', '데이터서비스', '문서이해', '실행 센터', '어시스턴트', '오토파일럿', '클립보드 AI', '마켓플레이스'가 있다. '스튜디오'와 같이 시나리오 자동화, 디버깅, 테스트 등 자동화 설계를 위한 제품부터 '클립보드 AI'와 같이 특정 동작을 수행하기 위한 제품까지 넓은 스펙트럼을 가진다. 또한 '마켓플레이스'에서 사전에 구축된 템플릿과 프롬프트를 공유하여 필요시 업무에 AI 기능을 바로 적용할 수 있게끔 별도의 생태계를 구축한다.

　마지막으로 운영 단계는 대규모 자동화 프로그램을 최적화하고 작동시

254

그림 4 | 유아이패스의 프로세스 마이닝

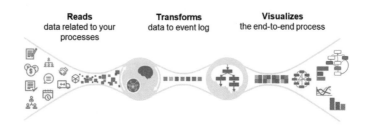

킬 수 있는 엔터프라이즈급 파운데이션 모델 구축을 위한 제품들로, '테스트 매니저', '오케스트레이터', '자동화 Ops', '인사이트', 'AI 센터'가 있다. 데이터에 기반한 테스트 진행·관리, 원격으로 로봇의 작업 프로비저닝·배포·모니터링·측정·추적, 타사 제품 및 클라우드와의 통합 등 기업의 자동화된 시스템을 거시적 측면에서 관리하도록 지원한다. (그림 5)

유아이패스는 향후 AI 에이전트, 로봇, 사람, 모델들을 결합해 엔드투엔드 프로세스 전반에 걸친 전사적 AI 혁신을 실현하는 에이전틱 자동화를 통해 고객 자동화 혁신을 목표로 하고 있다.[5] 에이전틱 자동화는 반복적인 업무를 로봇을 활용해 자동화하여 효율성을 높이고, 에이전트는 지능적 결정과 함께 복잡하고 동적인 프로세스를 처리한다. 다니엘 다인스는 "에이전틱 자동화는 RPA의 자연스러운 진화다. 우리는 창립 이래로 로봇 프로세스 자동화를 통해 인간을 모방하여 고객이 비즈니스를 혁신할 수 있도록

그림 5 | 가트너의 2024 RPA 업체 포지션(Magic Quadrant for RPA)[6]

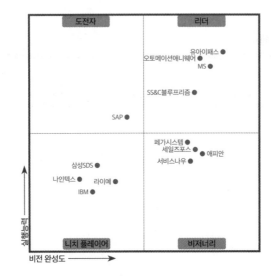

자료: 가트너, 2024

지원해왔다"고 말했다.

　이런 미래 방향은 2025년 유아이패스가 발표한 AI 및 자동화 트렌드를 보면 알 수 있다. 유아이패스는 에이전트 AI를 기반으로 에이전트 생태계, 사람과 기계의 공존, 내장형 AI, 정교한 데이터, AI 규제 등을 핵심 트렌드로 제시하고 있다. (그림 6)

그림 6 | 2025 유아이패스 AI 및 자동화 트렌드

1 에이전트 AI 시대의 막이 오르면서 AI가 생각에서 행동으로 옮겨가고 있습니다.

에이전트는 스스로 이해하고, 계획을 세우고, 액션을 취할 수 있는 능력을 습득합니다. 그리고 이로 인해 모든 것이 바뀝니다.

2 오케스트레이션의 시작: 에이전트 생태계의 구체화

테크 기업들은 에이전트, 로봇, 사람이 조화롭게 협업하는 환경을 개발하고 있습니다.

3 롱테일 자동화 기회에서 에이전트의 역할 증대

2025년에 보게 될 사례: 에이전트와 로봇을 필요로 하는 기업의 주요 활용 케이스

4 사람과 기계의 공존: 매우 효율적인 업무의 재할당

사람과 기계 중 누가 업무를 가장 잘 수행할 수 있을까요? 기업은 업무 및 작업을 전면적으로 바꾸고 있습니다.

5 '내장형 AI'를 통해서 기업의 어려움 해소

일반 기업들은 여전히 AI의 가치를 스스로 찾아내려고 애쓰지만, 테크 기업들은 그 격차를 메우고 있습니다.

6 RAG에서 정교한 데이터로; 데이터의 폭증 문제를 해결하는 새로운 툴

올해는 맥락(context)이 가장 중요하며, 지식(그래프)은 강력한 영향력을 자랑하고, LLM은 그 영역을 확대해가고 있습니다.

7 규제 강화: "AI의 힘"을 통제하기 위한 전 세계의 노력

입법부와 사법부 모두 가상(virtual) 세계를 통제하기 위한 노력을 계속하고 있습니다.

자료: 유아이패스, AI 및 자동화 트렌드 2025, 2024

범용인공지능 시대를 대비한 AI 리더십 확보

최근 일반 사람들의 AI에 대한 관심이 부쩍 높아졌다. 초기에 챗GPT가 나왔을 때만 해도 사람들은 호기심 어린 시선으로 잠시 이용만 했다. 하지만 최근 사람들의 AI에 대한 관심은 단순 호기심에 그치지 않고 있다. 이제는 일상부터 업무에까지 폭넓게 AI를 활용하면서 AI 리터러시를 높이고 있다. 이런 분위기 때문인지 AI는 더 이상 R&D나 SW 등 한정된 영역에서만 사용되는 단어가 아니다. 그래서 정부부터 기업까지 AI 트렌드를 주시하며, 정부는 국가경쟁력을 높이기 위해 AI를 어떻게 활용한 것인지를 고민하고 기업은 AI를 기반으로 자사의 제품과 서비스의 혁신을 추진하고 있다.

그래서 AI 산업은 앞서 봤듯이, 스타트업부터 글로벌 빅테크까지 다양한 유형의 기업들이 경쟁적으로 신규 서비스 개발과 출시를 통해 시장에서 선도적 위치를 점하려 한다. 최근 몇 년간이 AI 시장의 본격적인 개화기였다면, 지금은 경쟁과 도약기라고 볼 수 있다. 기업들은 LLM과 SLM 등을 통해 새로운 AI 모델과 서비스를 창출 중이다. 또한 산업의 변화에 맞춰 AI 에이전트, 온디바이스 AI, 피지컬 AI, 공간컴퓨팅 등이 변화와 연결되어 AI 시장의 트렌드를 주도하고 있다.

생성형AI·AI반도체, 로봇·모빌리티, 뷰티·헬스케어, 교육·금융 등 다양한 산업에서 AI 기술은 산업 특화 지능 개발을 통해 산업 변화를 촉진하고 있다. 범용적인 AI 모델 개발과 함께 이제는 버티컬 AI가 가속화되고 있다. 버티컬 AI는 기업 간 합종연횡, 가치사슬 확장, 시장 진출 강화로 새로운 시장의 판을 만들며 AI 시장의 역동성을 높인다. 버티컬 AI의 가속화는 이제 AI와 인간의 접점을 확대하면서, 일상에 휘몰아치는 AI 물결을 만들며 범용인공지능 시기의 도래로 이어지고 있다.

오픈AI의 샘 올트먼은 최근 자신의 블로그에 AI의 발전 속도가 무어의 법칙보다 빠르다며 사람 수준의 지능을 가진 범용인공지능이 10년 내

그림 1 | 예상보다 빠른 범용인공지능 시기의 도래

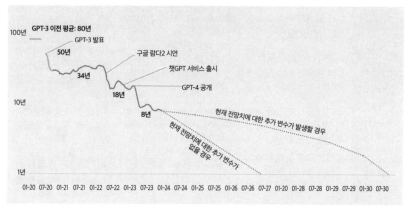

자료: ARK 인베스트먼트 매니지먼트 LLC, BIG IDEAS 2024, 2024.1

등장할 것으로 전망했다.[1] ARK 인베스트먼트 매니지먼트ARK Investment Management에서도 AI 모델 출시 상황을 봤을 때, 변수가 없다면 2030년에는 범용인공지능 시대가 올 것으로 본다. 딥시크 외 또 다른 AI 모델이 시장의 판을 흔든다면, 그 시기는 더 빨라져 2026년에 범용인공지능이 등장할 수도 있다고 본다. (그림 1)

일상으로 스며든 AI가 10년 후에는 말 그대로 공기와 같은 존재가 되는

그림 2 | 특정 목적 인공지능과 범용인공지능의 비교

	특정 목적 인공지능(ANI)		범용인공지능(AGI)
정의	한정된 작업이나 분야에서 특화된 지능을 보이는 인공지능		인간과 유사한 범용적 지능 수준을 보이는 인공지능
능력	특정 작업에 최적화된 기능을 수행	**이슈1: 범용적 인지·표현** - 특정/한정된 직업 vs 다양한 분야 - AGI는 다양한 분야 등에 적용 가능하다는 점에서 원천적 차이	학습·이해·추론·문제해결 등 인간지능의 전반적 기능 모방
적용 범위	매우 한정된 범위의 작업이나 문제에만 적용이 가능		다양한 분야에 걸친 유연한 적용 가능
자율성	사전에 프로그램된 규칙이나 데이터 기반 의사결정만 수행 가능	**이슈2: 자율적 성장·기억** - 대량 데이터, 사전정의된 내용·문제 vs 자율성·창의성을 갖고 있으며, 적은 데이터로도 충분한 성능	인간과 같은 수준의 자율적 의사결정능력
학습능력	대량의 데이터나 특정 작업에 특화된 학습을 통해 최적화		제한된 데이터로부터 일반화된 지식을 발굴·학습하여 새로운 상황 적용 가능
창의성	주어진 문제 해결에 초점을 맞추며 창의적 작업 수행은 다소 제한적	**이슈3: 물리적 연결·체화** - 3차원 공간적 사고 불가, 논리 추론 한정 vs 물리세계와의 상호작용 - AI의 일상생활 구현에 필수적	새로운 문제를 해결하거나 창의적 작업을 수행할 수 있는 잠재력
실세계 이해·활용	논리적 추론 능력은 뛰어나지만 3차원 현실의 공간적 사고 및 상호작용 불가		열린 세계의 물리적 상황·특성을 이해, 절차 수립, 행동으로 구체화

자료: 과기부, 미래 AI 판도를 흔들 범용인공지능(AGI) 핵심 원천기술 확보 도전, 2025.1.24

것이다. 범용인공지능의 등장은 우리가 앞서 보았던 피지컬AI를 포함한 다양한 산업에서 AI가 인간을 대체해 사람의 라이프스타일을 예상치 못한 방식으로 바꿀지 모른다. 과거 인터넷과 스마트폰의 등장이 지금 우리의 삶

표 1 | 주요 국가별 소버린 AI 개발 현황

국가	프로젝트명	관련 기업/기관	제공 업체
이탈리아	넥스트 AI 팩토리 AI 슈퍼컴퓨터	패스트웹(스위스콤 소유), 엔비디아	엔비디아
스웨덴	베르제리우스 AI 슈퍼컴퓨터	엔비디아, 린셰핑대학교	엔비디아
아랍에미리트	팔콘 생성형 AI 개발	e&UAE, 엔비디아, 오라클	엔비디아
인도	파람 시딘 AI 슈퍼컴퓨터	타타커뮤니케이션즈, 엔비디아	엔비디아
덴마크	게피온 AI 슈퍼컴퓨터 (1,528개의 엔비디아 H100 텐서코어 GPU 탑재)	덴마크 AI 혁신센터DCAI, 노보노디스크재단, 엔비디아	엔비디아
프랑스	1,016개의 엔비디아 H100 텐서코어 GPU 사용	스케일웨이(일리아드그룹 소유), 엔비디아	엔비디아
일본	AI 브리징 클라우드 인프라 3.0(ABCI 3.0) 슈퍼컴퓨터, 7.4억 달러 투자	GMO 인터넷 그룹, 하이그레소, KDDI, 루틸레아, 사쿠라인터넷, 소프트뱅크, 엔비디아	엔비디아
뉴질랜드	클라우드 컴퓨팅 데이터센터	TEAM IM, 오라클	엔비디아
싱가포르	AI 데이터센터 시리즈	싱텔Singtel, 엔비디아	엔비디아
스위스	트러스트 AI 팩토리 구축, 1,150만 달러 AI 인프라 투자	스위스콤그룹, 엔비디아	엔비디아
미국	NIST 신모델 테스트, 국내 AI 발전 보호를 위한 국가 안보 보장	오픈AI, 앤스로픽	-

자료: NIPA, 글로벌 ICT 주간동향리포트, 24년 11월 3주차

을 어떻게 바꿀지 몰랐던 것처럼 정말 상상할 수 없는 세상이 올 수 있다.

정부에서는 범용인공지능 핵심 원천기술 개발과 확보를 위한 예비 타당성 조사에 착수하고 있다. 2026년부터 총 7년간 9,319억 원을 투입한다고 한다. 기존의 제한된 AI의 활용을 넘어설 것으로 보고 있다. 기존의 AI를 특정 목적 인공지능Artificial Narrow Intelligence으로 정의한다. 반면, 범용인공지능은 앞서 말한 것처럼 인간과 유사한 범용적 지능 수준을 보이는 AI로 인간처럼 이해·추론·문제해결이 가능하며, 자율적 의사결정 능력을 지녔다. 특히 새로운 문제의 해결이나 창의적 작업 수행이 가능하다.(그림 2)

정부는 이번 예비 타당성 조사를 통해 ❶ 인간 수준의 실세계 이해와 적용 능력(인지·표현 AI), ❷ 기억과 자율적 지식 축적 및 성장 능력(기억·성장 AI), ❸ 실세계 상호작용·행동을 위한 적응 및 수행능력(체화·연결 AI) 구현을 위한 기술개발이 목표다.

정부의 이런 대응은 결국 미국 중심의 AI를 벗어나 AI 주권을 지키기 위한 작업이다. 소버린 AISovereign AI라고도 불리는 AI 주권은 해당 국가의 인프라, 데이터, 인력 및 비즈니스, 네트워크를 사용하여 지역 언어와 문화, 가치관 등을 반영한 LLM 기반으로 구축한 AI 서비스다.[2] 이미 네이버도 AI 주권을 AI 전략의 핵심으로 설정하고 자사의 LLM인 '하이퍼클로바X' 확장에 집중하고 있다.

AI 주권이 중요한 이유는 AI 모델 개발이 해당 국가의 데이터를 기반으로 이루어져 미국의 빅테크 기업의 AI가 한국의 문화나 사고방식을 이해하지 못하거나 잘못된 지식을 전달 혹은 왜곡할 수 있기 때문이다. 이는 경제, 교육, 사회문화 등 국가 전반에 영향을 미칠 수 있다. 미국과 중국은 2023년에 AI 기술 개발에 400~500억 달러를 투자하기로 했다. 이에 뒤처질세라

영국, 프랑스, 독일, 인도, 사우디아라비아, 아랍에미리트도 총 400억 달러 규모의 자금을 투자하기로 결정했다.[3] (표 1)

국내외적으로 기업, 국가 모두 AI 시장에서의 리더십 확보를 위한 본격적인 경쟁이 시작되었다. AI 물결에 잘 올라타 한국만의 AI 모델, 인프라, 서비스 생태계를 공고히 할 수 있는 전략의 기초를 닦아야 할 때다. 이 책이 AI 산업의 가치사슬, 모든 산업 분야 AI 적용 현황을 다루지는 못했지만, 새로운 AI 패러다임 전환에서 디딤돌이 되기를 바란다.

Note: Companies are private as of 3/20/24. Categories are not mutually exclusive.

버티컬 AI (산업 특화 AI)

헬스케어
오픈에비던스(OpenEvidence)
썬다이(Sundai)
바이옵티뮨(BiOptimus)
아이앰빅(Iambic)
제네시스테라퓨틱스(Genesis Therapeutics)
참(CHARM)
아이소몰픽랩스(Isomorphic Labs)

항공우주 & 방위
퀀텀시스템즈(Quantum Systems)
실드AI(Shield AI)

자동차 & 모빌리티
와비(Waabi)
바유로보틱스(Vayu Robotics)

건설
모뉴멘털(Monumental)
캔버스(Canvas)

금융 & 보험
레지스턴트AI(resistant.ai)
에볼루션IQ(EvolutionIQ)

교육
에이타이피컬AI(Atypical AI)

게이밍 & 가상 세계
루마AI(Luma AI)
인월드(Inworld)
CSM
로즈버드AI(Rosebud AI)

소재
오비털머티리얼즈(Orbital Materials)
크레이들(Cradle)
DP테크놀로지

제조업
피직스엑스(Physicx)
아토믹인더스트리스(Atomic Industries)
레트로코우절(Retrocausal)
다이달로스(Daedalus)

에너지
아이오닉스(Aionics)
주아(Jua)

광산업
코볼드메탈스(KoBold Metals)

폐기물 관리
그레이파롯(Greyparrot)

영화
딥더브(Deepdub)
플로리스(Flawless)

범용 AI

검색
일리싯(Elicit)
트웰브랩스(Twelve Labs)
옵젝티브(Objective Inc.)
퍼플렉서티(Perplexity)

코딩
코그니션(Cognition)
매직(Magic)
핀드(Phind)

생산성 & 지식 관리
에마(Ema)
프라이언(Pryon)
라이터(Writer)

컴퓨터 비전
그라운드라이트(Groundlight)

데이터 품질 & 분석
라이트업(Lightup)
넘버스스테이션(Numbers Station)

엔터프라이즈 에이전트
어댑트(Adept)

영업 & CRM
시에라(Sierra)
마이코(Myko)
글리픽(Glyphic)

휴머노이드
피규어(Figure)

DevOps
플립AI(FlipAI)
메커니컬오처드(Mechanical Orchard)

사이버보안
바이너리(Binarly)
레이스와치(Wraithwatch)

창작 도구
아이디어그램(Ideogram)
미드저니(Midjourney)

음악 & 음성
일레븐랩스(ElevenLabs)
수노(Suno)

편집
모디파이(Modyfi)
런웨이(Runway)

창고 관리
개더AI(Gather AI)

AI 인프라스트럭처

모델
오픈 파운데이션: 미스트랄AI(Mistral AI), 제로원닷AI(01.AI)
클로즈드 파운데이션(멀티모달): 오픈AI(OpenAI), 앤스로픽(Anthropic), 레카(Reka)
새로운 아키텍처: 사카나AI(Sakana.ai), 투게더AI(Together.ai)
파인튜닝/로컬: 노믹(Nomic), 사르밤AI(sarvam.ai), 클라라AI(Klara.ai)

AI 개발 플랫폼
가상 데이터베이스: 마인즈디비(MindsDB)
통합 플랫폼: 데이터브릭스(Databricks), 허깅페이스(Hugging Face), 어댑트(Adapt), 초크(Chalk)
소형 & 태스크 특화: 프레디베이스(Predibase), 글레이브(Glaive)
에이전틱: 슈퍼AGI(SuperAGI)

모델 배포 & 서비스
모듈러(Modular)

버전 & 실험 추적
제스허브(Xethub)
웨이츠앤바이어시스(Weights & Biases)

머신러닝 보안
트로이AI(TROJ.AI)
프로텍트AI(Protect AI)

칩/하드웨어
그록(Groq)
엑스트로픽(Extropic)
텐스토런트(Tenstorrent)
리벨리언스(Rebellions)
라이트매터(Lightmatter)
자나두(Xanadu)

가속 컴퓨팅
볼트론데이터(Voltron Data)

데이터 준비 & 큐레이션
아르질라(Argilla)
클린랩(Cleanlab)
데이터로지에이아이(DatologyAI)

모델 라우팅
마티안(Martian)

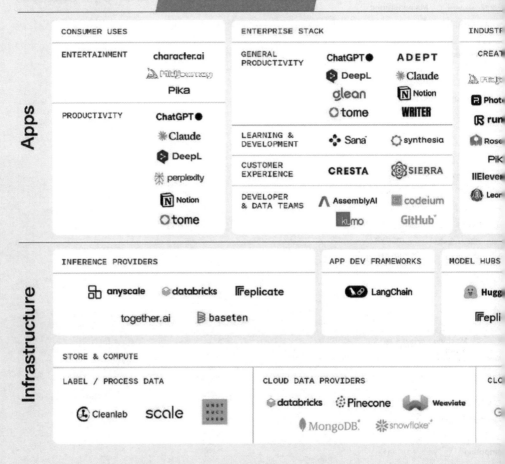

bes   SEQUOIA ᄔ   MERITECH

DEFENSE	HEALTH & BIO	INDUSTRIAL	PROFESSIONAL SERVICES
△ ANDURIL	ABRIDGE	FIGURE	Harvey.
VANNEVAR Labs	⊂ Cradle	TRACTIAN	밈 Hebbia
	insitro	ᄖaabi	
	⊗ OWKIN		

FOUNDATION MODEL PROVIDERS

ANTHROP\C   ⦚ cohere

 MISTRAL AI_   OpenAI

PROVIDERS

   aws   ▲ Azure

HARDWARE

((cerebras   ◤ nVIDIA.

AMD△   intel.   (etc.)

응용 분야

일반 소비자용
엔터테인먼트: 캐릭터닷AI(Character.ai), 미드저니(Midjourney), 피카 (Pika)
생산성: 챗GPT(ChatGPT), 클로드(Claude), 딥엘(DeepL), 퍼플렉시티 (Perplexity), 노션(Notion), 톰(Tome)

기업용
일반 생산성: 챗GPT, 딥엘, 글린(Glean), 오터닷AI(Otter.ai)
교육 및 고객 서비스: 사나(Sana), 신세시아(Synthesia), 크레스타(Cresta), 시에라(Sierra)
개발자 도구 및 데이터 팀용: 어셈블리AI(AssemblyAI), 코디움 (Codeium), 깃허브(GitHub)

특화 산업용
크리에이티브: 포토룸(Photoroom), 런웨이(Runway), 로즈버드 AI(Rosebud AI), 피카, 일레븐랩스(ElevenLabs), 레오나르도AI(Leonardo AI)
국방: 안두릴(Anduril), 바네바랩스(Vannevar Labs)
헬스케어: 어브릿지(Abridge), 카이디아(Caidya), 인스티로(Instiro), 오우 킨(Owkin)
산업용: 피규어(Figure), 트랙션(Tractian), 와비(Waabi)
전문 서비스: 하비(Harvey), 헤비아(Hebbia)

인프라 분야
모델 제공자: 앤스로픽(Anthropic), 코히어(Cohere), 미스트랄AI, 오픈AI
AI 개발 프레임워크: 랭체인(LangChain), 허깅페이스
클라우드 & 서비스 제공자: 구글 클라우드, AWS, 애저
칩/하드웨어: 세레브라스(Cerebras), 엔비디아(NVIDIA), AMD, 인텔
노드 & 툴: 웨이츠앤바이어스(Weights & Biases), 리플리케이트 (Replicate)
데이터 라벨링/처리: 클린랩(Cleanlab), 스케일AI(Scale AI)
데이터 소스: 데이터브릭스(Databricks), 파인콘(Pinecone), 몽고 DB(MongoDB), 네온(Neon)
모델 API 플랫폼: 애니스케일(AnyScale), 데이터브릭스, 투게더 AI(Together AI), 베이스텐(Baseten)

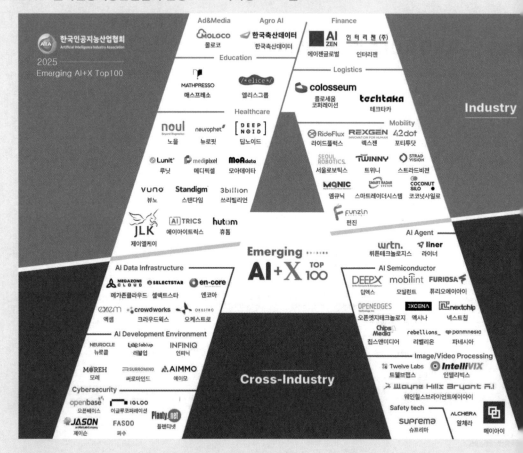

Left column (logos)

Metaverse
DEEPBRAIN AI 딥브레인에이아이 · Aseerslab 시어스랩 · MOBILTECH 모빌테크
EST 이스트소프트 · pcn 피씨엔 · GAUDIO 가우디오랩

Manufacturing
VIVITY AI 비비티에이아이 · SIZL 시즐 · MICUBE SOLUTION 엠아이큐브솔루션
iNEEJi 인이지 · onepredict 원프레딕트 · UDMTEK 유디엠텍
LINKGENESIS 링크제니시스 · MakinaRocks 마키나락스

Robot
NEUBILITY 뉴빌리티 · 베어로보틱스 · clobot 클로봇

ML - based Data Analysis Solution
mobigen 모비젠 · BIZENTRO 비젠트로 · Agile SoDA 에자일소다
ENCORED 인코어드테크놀로지스 · SURESOFT 슈어소프트테크

NLP - based AI Platform
NEWEN AI 뉴엔에이아이 · synapsoft 사이냅소프트 · VAIV 바이브컴퍼니
selvas 셀바스에이아이 · Saltlux 솔트룩스 · ACRYL 아크릴
upstage 업스테이지 · sendbird 센드버드코리아 · Flitto 플리토
WISEnut 와이즈넛 · KONAN TECHNOLOGY 코난테크놀로지 · 42MARU 포티투마루
TmaxAI 티맥스에이아이 · FriendliAI 프렌들리에이아이

Industry

광고&미디어
몰로코

농업
한국축산데이터

교육
매스프레소
엘리스그룹

헬스케어
노을
뉴로핏
딥노이드
루닛
메디픽셀
모아데이타
뷰노
스탠다임
쓰리빌리언
제이엘케이
AI트릭스
휴톤

금융
에이젠글로벌
인터리젠

물류
콜로세움
테크타카

모빌리티
라이드플럭스
렉스젠
포티투닷
서울로보틱스
트위니
스트라드비전
엠큐닉
스마트레이더시스템
코코넛사일로
펀진

메타버스
딥브레인AI
시어스랩
모빌테크
이스트소프트
피씨엔
가우디오랩

제조
비비티에이아이코리아
시즐(SIZL)
엠아이큐브솔루션
원프레딕트
유디엠텍
인이지
링크제니시스

마카나락스

로봇
뉴빌리티
베어로보틱스
클로봇

Cross-Industry

데이터 인프라
메가존클라우드
셀렉트스타
엔코아
엑셈
크라우드웍스
오케스트로

개발 환경
뉴로클
래블업
인피닉
모레
써로마인드
에이모

사이버보안
오픈베이스
이글루코퍼레이션
제이슨
파수
플랜티넷

AI 에이전트
뤼튼테크놀로지스
라이너

AI 반도체
딥엑스
모빌린트
퓨리오사AI
오픈엣지테크놀로지
엑시나
넥스트칩
칩스앤미디어
리벨리온
파네시아

머신러닝 기반 데이터 분석 솔루션
모비젠
비젠트로
애자일소다
엔코드
슈어소프트

이미지/비디오 프로세싱
트웰브랩스
인텔리빅스
웨인힐스브라이언트AI
알체라
메이아이

안보 기술

슈프리마

머신러닝 기반 데이터분석 솔루션
모비젠
비젠트로
에자일소다
인코어테크놀로지스
슈어소프트테크

NLP 기반 AI 플랫폼
뉴엔AI
사이냅소프트
바이브컴퍼니
셀바스AI
솔트룩스
아크릴
업스테이지
샌드버드코리아
플리토
와이즈넷
코난테크놀로지
포티투마루
티맥스AI
프렌들리AI

부록4 | 포브스코리아 선정 2024 대한민국 AI 50

기업명	업종 분류	AI 서비스 개요
스트라드비전	자동차	카메라 센서로부터 전달되는 데이터를 활용한 AI 기반의 ADAS 및 자율주행용 인식 소프트웨어
퀴드	교육	머신러닝 기반 토익 학습 앱
인피닉	자동차	자율주행을 위한 센서에서 수집된 정보를 자동 분류, 배정, 변환하는 솔루션
몰로코	광고/마케팅	빅데이터 머신러닝 기반 리테일 자동 광고 집행 및 최적화 플랫폼
아이하이브리드클라우딩스	교육	중고등 대상 영어수학 1:1 온라인 퍼스널 튜터링 서비스
크래프트테크놀로지스	금융	자산관리 AI 로보어드바이저
에스프레소미디어	콘텐츠	AI 기반 영상 인코딩 기술
데이블 방송/통신	뉴스	콘텐츠 분석 추천 서비스
에이젠글로벌	금융	AI를 통해 비정형 데이터를 분석해 금융사기 적발 또는 금융상품 마케팅에 적용할 수 있는 솔루션
제이엘케이	바이오/의료	AI를 활용한 뇌졸중 진단 플랫폼
뷰노	바이오/의료	AI를 활용한 흉부 엑스레이 영상 진단 솔루션
리디아AI 콘텐츠	AI 기반 보험	리스크 예측 플랫폼
이스트허브커뮤니케이션즈	엔터프라이즈	자연어처리 기반 고객상담형 대화형 AI 챗봇
애자일소다	엔터프라이즈	AI 분석과 운영 환경 제공 계정/패키지/데이터 관리 서비스
마키나락스	엔터프라이즈	AI 모델 개발/운영/관리 위한 MLOps 플랫폼
뉴로핏	바이오/의료	뇌 영상 기반 AI 진단 소프트웨어
우경정보기술	콘텐츠	CCTV 영상 내 객체 검출/추적하는 영상 검색 솔루션
노타	엔터프라이즈	딥러닝 모델 경량화 기술 기반 온디바이스 AI 솔루션
알체라	엔터프라이즈	AI 기반 B2B 소셜 데이터 분석 서비스
스탠더드	바이오/의료	AI 기반 약물개발 소프트웨어
수퍼빈	환경/에너지	AI 기반 자원순환 추적 기기
에이쓰리시큐리티	보안	뇌파 및 MRI 영상 기반 이상 탐지 솔루션
베르티스	바이오/의료	유방암 조기 진단 혈액검사 기반 AI 분석
알엔엘바이오	바이오/의료	AI 기반 세포 이미지 분석 플랫폼
아크릴	헬스케어	사용자 감정 및 상태 예측 AI 엔진
온코크로스	바이오/의료	실패 약물에서 신약 적응증 발견 AI 플랫폼
아이메디신	바이오/의료	AI 자동 뇌파 분석 솔루션
포티투마루	엔터프라이즈	스마트 스피커용 딥러닝 기반 QA 시스템
자이버스	엔터프라이즈	자연어처리 기반 AI 챗봇
메디컬아이피	바이오/의료	AI 의료영상 분석 솔루션
메디코리아솔	바이오/의료	AI 기반 덴탈 CAD 솔루션
모라이	자동차	자율주행 테스트용 AI 시뮬레이터
셀바스AI	콘텐츠	음성 인식 기반 텍스트 자동변환 AI
씨세이	제조/3D프린터	3D비전 기반 품질검사 AI 솔루션
위즈코어	제조/3D프린터	AI 기반 설비 예지보전 및 모니터링
티디엠	바이오/의료	의료 영상 딥러닝 분석 시스템
루닛	바이오/의료	폐암/유방암 영상 분석 기반 진단 보조 도구
레메디	헬스케어	AI 기반 치아 엑스레이 분석 솔루션
핑퐁	생활	고객 상담 자동화 챗봇 서비스
쓰리디팩토리	제조/3D프린터	AI 기반 3D 설계 분석 및 진단 솔루션
딥엑스	반도체/디스플레이	AI 최적화용 비메모리 반도체 설계/제조 솔루션

주

프롤로그

1) BCG는 AI 성숙도 수준을 목표Ambition, 기술Skills, 정책 및 규제Policy and regulation, 투자 Investment, 연구 및 혁신Research and innovation, 생태계Ecosystem로 구분해 평가했다. https://bcgblog.kr/which-economies-are-ready-for-ai
2) 대한상공회의소·산업연구원, 국내 기업 AI 기술 활용 실태 조사, 2024.8, 조사 대상은 국내기업 500개사 IT 및 전략기획 담당자임.
3) https://www.tortoisemedia.com/2024/09/19/the-global-artificial-intelligence-index-2024,
4) https://epoch.ai/data/large-scale-ai-models?view=table#explore-the-data
5) https://blogs.nvidia.co.kr/blog/computex-2024-jensen-huang/
6) https://github.com/deepseek-ai/DeepSeek-V3?tab=readme-ov-file
7) https://www.hankyung.com/article/202501282081i
8) https://darioamodei.com/on-deepseek-and-export-controls
9) https://www.gartner.com/en/newsroom/press-releases/2024-08-21-gartner-2024-hype-cycle-for-emerging-technologies-highlights-developer-productivity-total-experience-ai-and-security
10) Gartner, 2025 Top Strategy Technology Trends, 2024
11) MIT Technology Review, 10 Breakthrough Technologies 2025, Jan/Feb 2025
12) NIA, NIA가 전망한 2025년 12대 디지털 트렌드, IT & Future Strategy 보고서, 2024.12.31
13) IITP, '2025 ICT 10대 이슈' AX 시대 디지털 변화의 흐름, 2025.01.20.

1부_1장 아이언맨의 '자비스', AI 에이전트가 온다!

1) https://www.aitimes.com/news/articleView.html?idxno=165415
2) https://www.salesforce.com/kr/agentforce/ai-agent-vs-chatbot
3) https://www.gartner.com/en/articles/intelligent-agent-in-ai
4) https://www.weforum.org/stories/2024/12/ai-agents-risks-artificial-intelligence
5) https://www.gartner.com/en/articles/intelligent-agent-in-ai
6) https://www.ibm.com/think/topics/ai-agents
7) https://www.cio.com/article/3610938/%ec%b9%bc%eb%9f%bc-ai-%ec%97%90%ec%9d%b4%ec%a0%84ed%8a%b8-%ec%a7%80%ea%b8%88%ea%b9%8c%ec%a7%80%ec%9d%98-%ec%96%b4%eb%96%a4-%ea%b-8%b0%ec%88%a0%ea%b3%bc%eb%8f%84-%eb%8b%a4%eb%a5%b4%eb%8b%a4. html, https://www2.deloitte.com/us/en/insights/industry/technology/technology-media-and-telecom-predictions/2025/autonomous-generative-ai-agents-still-under-development.html, https://www.skcc.co.kr/insight/trend/2626, 윤성재, AI 에이전트, '자비스'가 온다, LG경제연구원, 2024.10

8) LG경영연구원, AI 에이전트, '자비스'가 온다, 2024.10
9) https://www.gartner.com/en/articles/intelligent-agent-in-ai
10) https://www2.deloitte.com/us/en/insights/industry/technology/technology-media-and-telecom-predictions.html#introduction
11) https://www.cognition.ai/blog/introducing-devin
12) https://www.codemotion.com/magazine/ai-ml/devin-a-new-end-to-end-ai-programming-tool
13) https://www.forbes.com/sites/bernardmarr/2024/04/16/the-future-of-banking-morgan-stanley-and-the-rise-of-ai-driven-financial-advice
14) https://openai.com/index/morgan-stanley
15) https://www.forbes.com/sites/janakirammsv/2024/07/30/jpmorgan-chase-leads-ai-revolution-in-finance-with-launch-of-llm-suite/
16) https://news.sktelecom.com/209216
17) https://mainfunc.ai/blog/genspark_mixture_of_agents
18) https://www2.deloitte.com/us/en/insights/industry/technology/technology-media-and-telecom-predictions/2025/autonomous-generative-ai-agents-still-under-development.html

1부_2장 언제 어디서나 온디바이스 AI, 내 손안의 AI

1) https://ourworldindata.org/grapher/artificial-intelligence-training-computation
2) https://zdnet.co.kr/view/?no=20241218111935
3) 삼일PwC경영연구원, '제3의 IT혁명 디바이스 시대'가 온다: 내 손 안의 AI, 온디바이스 AI(On-Device AI), 2024.09
4) https://www.tigeretf.com/ko/insight/hot-etf-introduce/view.do?listCnt=6&detailsKey=457&pageIndex=1&q=
5) https://www.tigeretf.com/ko/insight/hot-etf-introduce/view.do?listCnt=6&detailsKey=457&pageIndex=1&q=
6) https://news.samsung.com/kr/%EC%9D%B8%ED%84%B0%EB%B7%B0-ai-%EA%B8%B0%EC%88%A0%EB%A1%9C-%ED%97%88%EB%AC%B4%EB%8A%94-%EC%96%B8%EC%96%B4-%EC%9E%A5%EB%B2%BD-%EC%98%A8%EB%94%9-4%EB%B0%94%EC%9D%B4%EC%8A%A4-ai-%EC%8B%A4
7) https://live.lge.co.kr/2404-lg-affectionate-intelligence/
8) https://www.tigeretf.com/ko/insight/hot-etf-introduce/view.do?listCnt=6&detailsKey=457&pageIndex=1&q=
9) Qualcomm, The future of AI is hybrid, 2023.5

1부_3장 거대언어모델에서 소형언어모델로 축의 이동

1) https://www.aitimes.com/news/articleView.html?idxno=164075

2) https://www.hankyung.com/article/2024071536211
3) https://reports.valuates.com/market-reports/QYRE-Auto-16C16291/global-small-language-model
4) https://www.etnews.com/20240922000087
5) https://www.ces.tech/ces-innovation-awards/2025/q-vision-pro-safe-fast-on-device-ai-for-crime-prevention/
6) 삼정KPMG, CES2025로 본 미래 산업 트렌드, 2025.1

1부_4장 피지컬 AI, 휴머노이드 로봇과 자율주행차 선점 경쟁의 시작

1) https://www.nvidia.com/en-us/glossary/generative-physical-ai/
2) https://www.linkedin.com/posts/nmanaktala_ai-ai-artificialintelligence-activity-7282476647209967616-S6pk/
3) https://blogs.nvidia.co.kr/blog/nvidia-launches-cosmos-world-foundation-model-platform-to-accelerate-physical-ai-development/
4) https://www.newsis.com/view/NISI20250129_0001759812#_PA, https://v.daum.net/v/20241231163300253
5) Goldman Sachs, Humanoid Robot: The AI accelerant, 2024.1.8
6) Morgan Stanley, The Humanoid 100: Mapping the Humanoid Robot Value Chain, 2025.2.6
7) https://www.bccresearch.com/market-research/engineering/robotics.html?srsltid=AfmBOopJVCyUtgGHmlCgnZMNTWG_vgM0BojhdGsJemuggpdK5iVACpC3
8) https://www.khan.co.kr/article/202501180900021
9) ARK Investment Management LLC, BIG IDEAS 2024, 2024.01
10) https://www.mk.co.kr/news/business/11223644
11) http://global-autonews.com/bbs/board.php?bo_table=bd_034&wr_id=1975
12) https://www.etnews.com/20241202000314
13) https://www.aitimes.com/news/articleView.html?idxno=164810
14) https://www.cnbc.com/2025/01/17/amazon-zoox-plans-commercial-expansion.html
15) https://www.etnews.com/20250130000060
16) https://www.reuters.com/business/autos-transportation/baidus-apollo-autonomous-vehicles-granted-licence-test-hong-kong-2024-11-30/

1부_5장 공간컴퓨팅, AI로 리브랜딩한 메타버스와 AR·XR·MR

1) https://www.mediapen.com/news/view/726201
2) https://it.chosun.com/news/articleView.html?idxno=2023092132921
3) https://news.mt.co.kr/mtview.php?no=2025010617562646716
4) Gartner, 2025 Top Strategy Technology Trends, 2024
5) Simon Greenwold(2003), "Spatial Computing", Massacres Institute of Technology, May

16, 2003

6) 김성천, 신기술과 소비자법제 연구 II : 3D프린팅, 정책연구 16-09, 한국소비자원(2016), p.15
7) 한국저작원위원회, 공간컴퓨팅Spatial Computing 산업 현황 보고서, 2024.2
8) https://m.digitalmarket.kr/m/board/BD_board.view.do?domainCd=2&bbsCd=1030&bbscttSeq=20230127104751174&monarea=00008
9) 국회미래연구원, 공간컴퓨팅(Spatial Computing) 혁명의 파급효과와 의미 : N.E.X.T, 2024. 02
10) https://www.munhwa.com/news/view.html?no=2025010701070127176001
11) https://kr.aving.net/news/articleView.html?idxno=1795661
12) 소프트웨어정책연구소, 메타버스의 진화 : 공간컴퓨팅과 AI 융합, 2024.3.8

2부_1장 개인비서로 진화하며 하드웨어 진출을 모색하는 생성형 AI_퍼플렉시티

1) https://namu.wiki/w/Perplexity
2) https://news.sktelecom.com/206827
3) https://news.mt.co.kr/mtview.php?no=2024121610072157850,
   https://www.hani.co.kr/arti/economy/it/1173258.html
4) https://www.wsj.com/tech/personal-tech/ai-chatbots-chatgpt-gemini-copilot-perplexity-claude-f9e40d26
5) https://www.perplexity.ai/ko/hub/blog/a-student-s-guide-to-using-perplexity-spaces
6) https://news.sktelecom.com/204764
7) https://www.theinformation.com/articles/google-challenger-perplexity-promises-booming-growth-rosy-margins
8) https://www.perplexity.ai/ko/hub/blog/why-we-re-experimenting-with-advertising
9) https://www.aitimes.com/news/articleView.html?idxno=166391
10) https://www.aitimes.com/news/articleView.html?idxno=165706

2부_2장 디지털 광고 서비스를 통한 수익모델 강화_뤼튼테크놀로지스

1) https://www.enewstoday.co.kr/news/articleView.html?idxno=2178681
2) https://www.ajunews.com/view/20240901144826043
3) https://www.fnnews.com/news/202410311510591920
4) 2024년 1월, nara.kdi.re.kr
5) https://wrtnads.wrtn.ai

2부_3장 영화 〈그녀〉가 현실이 되는 감성 AI_스캐터랩

1) ETRI, 국내 감성 인공지능(AI)의 산업역량 강화 방향, 2022
2) https://tech.scatterlab.co.kr/emotion-ai-market
3) https://www.unicornfactory.co.kr/article/2024082216450122787

4) https://www.ajunews.com/view/20240128143834936
5) https://news.mt.co.kr/mtview.php?no=2023020115440150956&outlink=1&ref=%3A%2F%2F
6) https://www.mk.co.kr/news/it/11070232
7) https://tech.scatterlab.co.kr/luda-gen-1
8) https://n.news.naver.com/mnews/article/421/0005972984
9) https://www.mk.co.kr/news/it/11070232

2부_4장 산업별 특화지능을 만들어가는 버티컬 AI_C3AI

1) https://www.forbes.com/profile/thomas-siebel/?sh=3382227d7a0a
2) https://businessabc.net/wiki/c3-ai
3) https://www.gsb.stanford.edu/faculty-research/case-studies/c3-iot-enabling-digital-industrial-transformation
4) The Evolution of C3AI., 2023
5) https://www.g-enews.com/article/Securities/2024/10/20241028135907640e250e8e188_1
6) https://c3.ai/c3-ai-releases-28-domain-specific-generative-ai-models/

2부_5장 데이터를 기반으로 AI 개발 영역을 확대하는 데이터 라벨링_스케일AI

1) https://maily.so/founderstory/posts/1do16pylzx6
2) https://www.samsungsds.com/kr/insights/ai_new_leader_20240411.html
3) https://scale.com/guides/data-labeling-annotation-guide
4) https://www.chosun.com/economy/tech_it/2024/07/10/MCJUXGRKUBCHFOQDSTB7NPHTK4
5) https://sacra.com/c/scale-ai/
6) https://themiilk.com/articles/a1c437e91
7) https://sacra.com/c/scale-ai
8) https://scale.com/blog/series-b
9) https://kr.appen.com/blog/data-labeling-platform
10) 데이터세트 내의 이미지, 객체에 메타데이터로 정제된 시각적 유사성 점수를 추가하는 강력한 머신러닝 기능, https://nucleus.scale.com/docs/introduction-to-autotag
11) https://scale.com/blog/genai-platform
12) https://scale.com/blog/genai-platform

2부_6장 얼라이언스 구축으로 AI 반도체 생태계 강화_퓨리오사AI

1) nara.kdi.re.kr

2) https://www.ajunews.com/view/20240828101412571
3) https://www.panstar.co.kr/media/press/?type=view&idx=304
4) https://www.businesskorea.co.kr/news/articleView.html?idxno=224906

3부_1장 차세대 AI, 피지컬 AI의 핵심인 휴머노이드 로봇_피규어AI

1) https://www.youtube.com/watch?v=Sq1QZB5baNw
2) https://www.sedaily.com/NewsView/2D6MUGI3P2
3) https://www.youtube.com/watch?v=WlUFoZstcWg
4) https://www.prnewswire.com/news-releases/figure-raises-675m-at-2-6b-valuation-and-signs-collaboration-agreement-with-openai-302074897.html
5) https://www.irobotnews.com/news/articleView.html?idxno=34144
6) https://economychosun.com/site/data/html_dir/2024/03/08/2024030800023.html
7) https://www.irobotnews.com/news/articleView.html?idxno=34144
8) https://www.figure.ai/master-plan
9) https://www.figure.ai/master-plan#our-mission
10) https://techcrunch.com/2025/01/28/figure-ai-details-plan-to-improve-humanoid-robot-safety-in-the-workplace/

3부_2장 서비스 로봇에서 물류 로봇, HW에서 SW로_베어로보틱스

1) https://biz.chosun.com/distribution/food/2024/01/12/JAJIVSHZ5JEUNKFCRJU6USYV24/
2) https://www.hankyung.com/article/202304020136i
3) https://www.chosun.com/economy/tech_it/2023/01/09/MLSDSUGUBNCWJBMAF6AGS25KGQ
4) https://www.asiae.co.kr/article/2023071007464267618
5) https://www.asiae.co.kr/article/2023071007464267618
6) https://www.hankyung.com/article/2024052763851

3부_3장 로봇 파운데이션 모델 개발로 사업 확대 기반 구축_뉴빌리티

1) https://www.donga.com/news/Economy/article/all/20230206/117754432/1
2) https://biz.chosun.com/it-science/ict/2023/05/20/MSEXRVMZ6BERTOAX255YCCFULM/
3) https://neubility.career.greetinghr.com/neubiehistory
4) https://biz.chosun.com/it-science/ict/2023/05/20/MSEXRVMZ6BERTOAX255YCCFULM/
5) https://www.donga.com/news/Economy/article/all/20230206/117754432/1
6) https://skshieldus.com/news/idx-11
7) https://www.aitimes.com/news/articleView.html?idxno=160135
8) https://www.etnews.com/20241015000245

9) https://www.news1.kr/industry/sb-founded/5612088

3부_4장 모빌리티의 미래, 자율주행솔루션의 부상_스트라드비젼

1) https://www.sedaily.com/NewsView/29W0AYLOVV
2) 한국자동차연구원, MOBILITY INSIGHT VOL 32, 2024. 08
3) https://www.etoday.co.kr/news/view/2377977
4) 한국자동차연구원, MOBILITY INSIGHT VOL 32, 2024. 8

3부_5장 자율주행솔루션으로 글로벌 시장 진출 강화_호라이즌로보틱스

1) https://www.mk.co.kr/news/stock/11151566
2) Horizon Robotics, IR Report, 2024.10.16., https://en.horizon.auto/horizon-robotics-officially-lists-on-the-hong-kong-stock-exchange
3) Horizon Robotics, IR Report, 2024.10.16
4) Horizon Robotics, IR Report, 2024.10.16
5) https://www.sedaily.com/NewsView/2D7UW427W9
6) https://en.horizon.auto/horizon-forms-a-strategic-partnership-with-aptiv/
7) https://www.irobotnews.com/news/articleView.html?idxno=33826
8) https://en.horizon.auto/horizon-robotics-announces-mass-production-plan-for-superdrive-ad-solution/
9) Horizon Robotics, IR Report, 2024.10.16

4부_1장 데이터 분석을 넘어 질병 예측으로 진화하는 뷰티테크_룰루랩

1) 삼일PwC경영연구원, 생성형 AI를 활용한 비즈니스의 현주소, 2024.5
2) https://news.mt.co.kr/mtview.php?no=2024041601511735899
3) https://news.mt.co.kr/mtview.php?no=2023031410337013892&outlink=1&ref=%3A%2F%2F
4) https://www.docdocdoc.co.kr/news/articleView.html?idxno=3005729
5) https://www.dnews.co.kr/uhtml/view.jsp?idxno=202305241012126460939

4부_2장 초개인화된 AI 서비스로 사업의 다각화_모아이스

1) https://www.donga.com/news/Economy/article/all/20241004/130157152/2
2) https://www.skcc.co.kr/insight/trend/2764
3) https://www.hankyung.com/it/article/2023041994451
4) https://www.hankyung.com/article/202406212835i

5) https://digitalchosun.dizzo.com/site/data/html_dir/2024/08/02/2024080280240.html

6) AI 양재 허브, 서울 인공지능 스타트업 백서, 2022

7) https://www.hankyung.com/article/202406212835i

4부_3장 제품 검색·추천부터 상담까지 AI 고객 경험의 실현_플래티어

1) https://www.thebell.co.kr/free/content/ArticleView.asp?key=2024101409590474801075
75&lcode=00&page=1&svccode=00

2) https://plateer.com/ko/board/contents/view/%EC%9D%B4%EC%BB%A4%EB%A8%B8
%EC%8A%A4-AX-%EC%8B%A4%ED%98%84%ED%95%98%EB%8A%94-%EC%97%9
1%EC%8A%A4%ED%88%AC%EB%B9%84-AI-%EC%B6%9C%EC%8B%9C?Ctg=21&pag
e=&keyfield=subject&key=AI

3) https://zdnet.co.kr/view/?no=20230810110313

4) https://m.edaily.co.kr/News/Read?newsId=01236566635539712&mediaCodeNo=257

5) BCG, The Chatbot Is Dead—Long Live the Chatbot, 2023.12.15

6) https://blog.google/products/shopping/ai-virtual-try-on-google-shopping/

4부_4장 글로벌 시장 진출에 박차를 가하는 디지털 헬스케어_메디픽셀

1) 삼일PwC경영연구원, 디지털 헬스케어의 개화, 2022.7

2) https://medipixel.io/newsroom/%EB%8B%A8-2%EC%B4%88-
%EB%A7%8C%EC%97%90-%EC%8B%AC%ED%98%88%EA%B4%80-
%EC%A7%88%ED%99%98%EC%9D%84-
%EB%B6%84%EC%84%9D%ED%95%98%EB%8A%94-
AI-%EC%86%94%EB%A3%A8%EC%85%98-%EB%A9%94%EB%94%94%ED%94%BD
%EC%85%80

3) https://pharm.edaily.co.kr/News/Read?newsId=01446486638985680

4) https://www.edaily.co.kr/News/Read?newsId=01449766638985680&mediaCode
No=257

4부_5장 정확도와 신뢰도를 높여가는 의료 AI 솔루션_뉴로핏

1) https://www.chosun.com/economy/weeklybiz/2024/09/26/
DFXEEY5X4VFXXMK2NEMNBQA3LM

2) 정보과학지, 기관탐방: 뉴로핏-뇌질환 영상 인공지능(AI) 솔루션 전문 기업, 2023.11

3) 정보과학지, 기관탐방: 뉴로핏-뇌질환 영상 인공지능(AI) 솔루션 전문 기업, 2023.11

4) https://pharm.edaily.co.kr/news/read?newsId=01558006638923360

5) https://www.edaily.co.kr/News/Read?newsId=01918806639089328&mediaCodeNo=257
&OutLnkChk=Y

6) https://www.k-health.com/news/articleView.html?idxno=76262
7) https://pharm.edaily.co.kr/News/Read?newsId=01312006639016512
8) https://m.health.chosun.com/svc/news_view.html?contid=2024070301175
9) https://www.edaily.co.kr/News/Read?newsId=01085686639017496&mediaCodeNo=257
&OutLnkChk=Y
10) https://www.chosun.com/economy/weeklybiz/2024/09/26/
DFXEEY5X4VFXXMK2NEMNBQA3LM/

5부_1장 데이터 기반 맞춤 솔루션에서 오프라인으로 확장하는 에듀테크_매스프레소

1) https://mathpresso.com/ko
2) https://www.hankyung.com/article/2024041509900
3) https://www.ajunews.com/view/20240415142845333

5부_2장 데이터 수집 플랫폼 기반 데이커 활용 서비스 창출_플리토

1) 플리토 2023년 사업보고서, 2024.3
2) https://www.donga.com/news/It/article/all/20240304/123805196/1
3) https://www.donga.com/news/It/article/all/20240304/123805196/1, 국내외 번역 서비스
의 실제 번역 비교는 다음 기사 참조https://www.inews24.com/view/1741437)
4) 2023년 플리토 사업보고서, 2024
5) https://www.etnews.com/20241125000214

5부_3장 신산업의 금융 의사결정을 도와주는 AI 금융기술 플랫폼_에이젠글로벌

1) https://www.mk.co.kr/news/economy/10966428
2) https://www.chosun.com/economy/smb-venture/2024/07/01/
W2U5UYLM6ZEVTCDZ7SZ56G6YWI/
3) https://www.aizenglobal.com/bbs/board.php?bo_table=gallery_news&wr_
id=156&page=2#content
4) https://evcreditconnect.com/
5) https://www.chosun.com/economy/smb-venture/2024/07/01/
W2U5UYLM6ZEVTCDZ7SZ56G6YWI/

5부_4장 데이터로 가축 상태 모니터링부터 상품 판매까지_한국축산데이터

1) https://news.mt.co.kr/mtview.php?no=2022111610303758852&outlink=1&ref=%3A%2F
%2F

2) https://www.hankyung.com/it/article/202302288716i
3) https://www.hankyung.com/it/article/202302288716i
4) https://www.hankyung.com/it/article/202302288716i
5) https://kaistalumni.com/ko/boards/alumniinmedia/1374
6) https://www.pointdaily.co.kr/news/articleView.html?idxno=163199
7) https://news.mt.co.kr/mtview.php?no=2024092517101398458&outlink=1&ref=%3A%2F
%2F

5부_5장 에이전틱 자동화로 엔드투엔드 프로세스 혁신_유아이패스

1) https://m.news.zum.com/articles/53061396
2) https://business-review.eu/news/the-story-of-uipath-how-it-became-romanias-first-
unicorn-164248
3) https://www.uipath.com/newsroom/uipath-clipboard-ai-named-one-of-time-magazine-
best-inventions-of-2023
4) https://moneyneversleeps.co.kr/news/articleView.html?idxno=103318
5) https://ir.uipath.com/news/detail/365/uipath-unveils-new-vision-for-the-future-
expanding-the-boundaries-of-ai-with-agentic-automation
6) https://www.uipath.com/resources/automation-analyst-reports/gartner-magic-
quadrant-robotic-process-automation

에필로그

1) https://blog.samaltman.com/three-observations
2) 한국과학기술평가원, 소버린 AI, 자국에 특화된 AI 모델 개발 지원, 2024.8.9
3) https://www.mk.co.kr/news/world/10911757